英語が
激伸びする
10の条件

石井辰哉 Tatsuya Ishii

本書は、講談社インターナショナルより出版された『英語は「激伸び」る──「超」体育会系・脳内トレーニング読本』を一部加筆修正したものです。

はじめに

　がんばっても英語力が伸びないと悩んでいる学習者の方はとても多いようです。しかし、一方で、同じことをしても短期間でも劇的に伸びるという方もいます。この差は一体どこから来るのでしょうか。そして、どうすれば伸びていない人も『激伸び』するのでしょうか。これを『激伸びの条件』としてまとめたのが本書です。

　一見すると、同じ時間、同じ練習法で英語に取り組んでいるように見えても、表面的に同じように見えるだけで、実際にやっていることや考えていることは、実は学習者によって大きく違います。そのために、練習の質に差が出て、伸びの差につながるのです。本書では、この差をなくし、激伸びする学習者になるための考え方と、それに沿ってどのように練習していくかを解説しています。

　著者として、そして一人の英語講師として、本書が少しでもみなさんの英語力向上のお役に立てれば幸せです。みなさんが『激伸び』されることを心よりお祈りいたしております。

　　　　　　　　　　　　　　　　　　　　　　　石井辰哉

英語が激伸びする10の条件

目次

序章　激伸びしている人がしていること　9

「頭の中でしていること」に注目　10

第一部　条件編　20

第1章　激伸びするためのアプローチ　21

激伸び条件1
複数の能力を連動して向上させている　22
　分野の壁をなくして有機的に練習する　22

激伸び条件2
いつでもどこでも何からでも吸収する姿勢でいる　37
　いつでも、どこでも学ぶ　37
　下準備と計画で最大限の効果を上げる　41
　何からでも学ぶ　43
　「読む・聞く」は教材のレベルの幅を広げる　46
　隙間時間に脳内練習をする　51
　いつでも英語を吸収できる姿勢でいる　55

激伸び条件3
集中力とモチベーションと覚悟がある　59
　短時間でも集中して練習する　59

明確な目標を決めておく　62
「英語は大変」と覚悟する　65

第2章　知識から技術への転換　67

激伸び条件4
技術として習得しようとしている　68
　知識を頭に入れたあとの練習を重要視する　68
　反復、反復、また反復　73
　単語・文法を「使いこなす」練習をする　78
　伸ばしたい能力を使いまくる　84
　瞬時に取りかかれる姿勢でいる　87

激伸び条件5
練習中に深く考えている　89
　答えを引き出す苦しみを味わう　89
　答えまでの途中経過も重視する　94
　「狭く深く」「浅く広く」練習する　99
　3-Stepメソッドで問題集を反復する　101

激伸び条件6
簡単な項目をおろそかにしていない　105
　ケアレスミスほど深く反省する　105
　簡単な項目ほど奥が深いと認識する　110
　できているという錯覚を持たない　115

第3章　ネイティブの感覚を養う　121

激伸び条件7
センスの向上を重要視している　122
英語に対する神経を研ぎ澄ませる　122
「ナチュラルさ」を意識する　129
知識とセンスのバランスをとる　132
疑問を追求しすぎない　137
無理やり自分なりの結論を出す　140

激伸び条件8
感情移入とイメージを活用している　142
イメージと印象を持つ　142
臨場感を持って感情移入する　147
語学上の理解に終始しない　150

激伸び条件9
言語力と一般常識がある　156
日本語力も鍛える　156
英語のまま理解する　160
一般常識も身につける　167

激伸び条件10
雑草のようなしぶとい英語力を目指している　170
生の英語で練習する　170
悪条件で英語を聞く　175
いろいろなアクセントを聞く　177

第二部　実践編 180

激伸びのコツ　ボキャブラリー 182
- 五感をフルに使って覚える　182
- 五感をバランスよく使う　184
- 日→英の練習もする　186
- 思い出すことを重視する　187
- すばやさも心がける　188
- 熟語とイディオムはバラしてつなげる　189
- イメージに直結させる　194
- 複数の意味をバラバラに暗記しない　195
- 単語訳に頼らない　197

激伸びのコツ　文法 200
- イメージとリンクさせる　200
- 単語と同じように覚える　204
- 英文中の文法に意識を向ける　207
- 英文を書くように読む　210
- 文法用語を覚える　213
- まずは文法書を「読書」する　214
- 文法激伸びへの 3-Step メソッド　215

激伸びのコツ　リスニング 220
- 音を受け入れて覚えてしまう　220
- 目よりも耳を信用する　224
- ながらリスニングはしない　228
- 「聞き取り」と「意味取り」を分ける　230

リスニング激伸びへの3-Stepメソッド　236

激伸びのコツ　　リーディング　240

　100%の情報を入手する　240
　読むスピードを遅くする　249
　できる限り大きなまとまりで考える　251
　戻り読みしないクセをつける　253
　リーディング激伸びへの3-Stepメソッド　258

激伸びのコツ　　スピーキング　262

　ネイティブとの会話にこだわらない　262
　あらかじめ台本を用意しておく　269
　ほかの言い方で切り抜ける　272
　時間をかけずに口に出す　274
　レッスンの予習と復習で効果を上げる　277

激伸びのコツ　　ライティング　280

　実際に書いて練習する　280
　ナチュラルな文を心がける　283
　全体の流れやスタイルも考える　284
　徹底的に見直し、手直し　285
　間違いを前提に見直す　287
　客観的に読み直す　289
　視野を広く持つ　290
　本当に正しいかどうかは気にしない　291
　センテンス・リピートで練習する　293

巻末付録 激伸び指数チェックテスト　295

序章

激伸びしている人がしていること

●―「頭の中でしていること」に注目

激伸びする人・しない人、その差はどこに？

　一般に、英語に取り組む時間と伸びは比例し、やればやった分だけ上達しますが、その伸びの傾きは人によってさまざまです。同じくらいの時間を費やしても、学習者によって伸びが大きく異なることはよくあることで、劇的に上達する人もいれば、少しずつしか伸びない方もいるでしょう。

　短期間で劇的に伸びた人たちが、みんな自分よりもはるかにたくさんの時間を英語に費やしているなら仕方がありません。しかし、同じくらいの時間しか勉強していないのに伸びに差があったり、それどころか、あまりやってなさそうな人が、ものすごいスピードで伸びていくのを見ると、うらやましくなってしまいます。

　それでは、この差はどこからくるのでしょうか。

　やはり、思いつくのが「学習法に差があるのではないか」ということでしょう。効率の悪い学習の仕方をしていれば、せっかくがんばって取り組んでも、思うように伸びませんから、同じくらいの時間英語に取り組んでも差が出るのは当然です。もし、これまであまり学習法について考えたことがない方は、本書を参考にしながら、自分に合う学習法を見つけるようにしてください。

練習の「質」が異なっていた

　ただ、実際は、激伸びする人とそうでない人の間で、その伸び率の差と同じくらい学習法に差があるか、つまり、激伸びする人の学習法が劇的によく、伸びない人のやり方が根本的に間違っているかというと、必ずしもそうではないのです。

　伸び悩んでいる人でも、英語の学習法の本を参考にしたり、英語が得意な人に学習法を尋ねるなどして、効率的な学習法を取り入れていて、やり方自体に問題がないこともよくあります。それどころか、激伸びした人とまったく同じことをやっていることも、多々あるのです。

　私が教えている受講生の方たちの中でも、たとえば３人のグループレッスンで、スタート時点ではほとんど同じくらいの能力だったのに、途中からひとりだけものすごいスピードで伸びていくということがあります。しかし、だからといって伸びた人が他の受講生よりも勉強しているというわけではありません。まったく同じレッスンを受けて、同じ宿題をこなして、そしてひとりだけ伸びていくのです。

　それはいったい、なぜでしょう。伸びに差が出るのが学習時間や学習法が原因ではないとしたら、何が原因なのでしょうか。
　それが、本書で取り扱う項目、

「頭の中で何をして、何を考えるか」

ということなのです。

　英語はただガムシャラにやるよりも、効果の上がる学習法で取り組んだ方が上達が早いです。しかし単にその学習法を形だけなぞって、あとは時間さえかければ自動的に伸びていくわけではありません。
　じつは、頭の中で何をして、何を考え、何を重視し、どう受け取って、どういうつもりで練習に取り組むか、そしてその考え方や意識の持ちようをどう練習に反映させるかによって伸びが異なるのです。
　同じ練習をしていても、実際に頭の中で行っていることや考えていること、意識していること、重視していることは、じつは学習者によってかなり異なります。そして、頭の中の意識が異なれば、同じ練習であってもその質が異なるというのはおわかりいただけると思います。
　練習の質が異なれば、効果が異なるのも当然です。

「頭の中」を真似てみる

　特別なことは何もしていないのに激伸びする人は、こうしたことを自分の気がつかないうちに実践していることが多く、その結果、まわりから見れば「才能がある」とか「英語に対する適性が高い」と言われることになります。

　確かに、誰からも教わらないのに「頭の中で何をして、何を考えるのか」が、激伸びする形になっているのは、それはそれで才能があると言えるのかもしれません。

　しかしながら、よく考えれば、結局は、頭の中でやっていることが違うだけですから、今、激伸びしていない人が、劇的に伸びたいと考えるならば、伸びている人が頭の中でやっていることと同じことをすればよいことになります。

　そこで本書では、激伸びするために必要な、頭の中で行うべき処理や持つべき意識・考え方や姿勢など、練習する際に何を考えて何をしなければいけないのかを、「激伸びするために満たすべき条件」として3つの系統・要素に分けて説明していきます。

1. 激伸びするためのアプローチ
2. スキルとしての習得
3. ネイティブの英語感覚

形だけ真似てもダメ

ただ、学習法を変えるのは簡単でも、この「頭の中で何をするか、どう思って練習するか」ということを変えるのは難しいことです。その大きな理由のひとつに、うまくやっているかどうか、見た目からでは判断できないということが挙げられます。

例として、英文の音読について考えてみましょう。英文を声に出して読むというのはよく知られた練習法です。実際に試した方も多いと思います。

段取りは簡単で、ただ声に出して読むだけなのですが、たとえばこれを2人の学習者が以下のような別々のやり方でやってみたと考えてください。

A：単に声に出して、読み間違えないように、きれいな発音で読むことだけに終始する。そのため、全体的な意味や、文の成り立ちなどには意識が向かず、個々の単語に集中しがち。

B：自分で読み上げながら、同時に英文を理解しようとする。そして、自分の声を聞いて英文の音の流れや語調を感じ取ろうとし、単に英文を読み上げるだけではなく、その英文を、自分の台詞、自分の言葉として、誰かに話しているというシチュエーションを想像し、実際に誰かに話しかけるつもりで感情を込めて声に出す。また、単語や文法にも自分なりに気を配りながら読む。

AとBの2つのやり方では、かなり練習の質、というか、頭の中でやっていることが異なるというのはおわかりいただけると思います。

　しかし、ともに「ひたすら音読する」ということにおいては同一なのです。Aのやり方で音読している人と、Bのやり方で音読している人を見ても、見た目にはいずれも同じことをしているように見えます。しかも両者とも熱心にやっていれば、「自分は一生懸命練習している」という認識を持つはずです。

　また、この練習の過程というか、練習中に確認できる産物は、「英文を読み上げた声」です。そして、もしそれがうまく読めているように聞こえれば、自動的に、

> 一生懸命に練習しているし、上手にできている
> ↓
> きっと効率よくできている

という認識になるわけです。

　激伸びする人とそうでない人とが、隣同士でこの練習をしていても、その様子からは差を判別できないのです。それどころか、声に出した英文だけを聞けば、激伸びする人のほうが下手に聞こえることさえあるかもしれません。

　つまり、こういった思考回路というか、考え方や心がけ、姿勢といったものは、目に見える形で表面には出てこないために、

形だけでも学習法の段取りどおりにやってさえいれば「正しくやっている」と思い込みやすいですし、他人と比較して自分の方法を検証したりするということができません。その結果、必ずしも激伸びする方向を向いていないやり方でも、自分でそれに気がつきにくいのです。

同じことをしても異なる練習になりうる

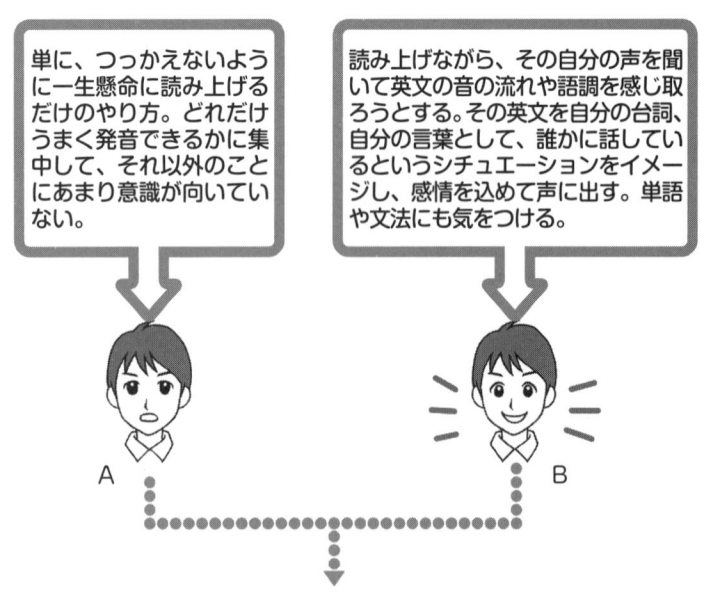

A: 単に、つっかえないように一生懸命に読み上げるだけのやり方。どれだけうまく発音できるかに集中して、それ以外のことにあまり意識が向いていない。

B: 読み上げながら、その自分の声を聞いて英文の音の流れや語調を感じ取ろうとする。その英文を自分の台詞、自分の言葉として、誰かに話しているというシチュエーションをイメージし、感情を込めて声に出す。単語や文法にも気をつける。

見た目にはまったく同じことをしているように見える。また、同じくらい一生懸命である。よって、本人たちですら、やり方に差があるとは気がつかない。

どんな「つもり」でやればよいか

　また、このような場合、たとえ激伸びした人に、どうやって練習したのかと聞いても、自分がやっているのとたいして変わらない答えしか返ってきません。

　確かに見た目は同じことをしているからです。単に頭の中でやっていることが違うだけなのですね。激伸びする人は、そういった脳内ですべきことができていて、どんなつもりでやればよいのかがわかっているのであり、その結果、同じことを同じ時間やっても差が出るのです。

　しかも、こういった、「やっていることは同じでも中身が違う」ということは、例として出した音読以外の、ありとあらゆるところで見られます。そして、そのそれぞれにおいて、伸び率が異なることになるわけですから、全体としては相当な差になるわけですね。

　それだけではありません。さらに言えば、どの程度深くそのやり方を実践しているかも、伸びの差になるのです。

　先ほどの音読の例で言えば、AよりもBの方がよいといえます。しかし、だからといって、Bのような姿勢で取り組みさえすれば、誰もが一様に伸びていくのではありません。どれくらい深く「感じよう」とし、どれくらい深く「イメージしよう」とし、どれくらい深く「気を配ろう」としているのかも、伸びの差になっていくのです。

　これから劇的に伸びたいと考えている方は、頭の中で何をしているのか、そして、どれくらい深くやろうとしているのかもチェックしながら練習していく必要があるのです。

クセになるまでの心がけ

　これまであまり考えなかったことを考えたり、まったく違う認識を持つということは、学習法を変えるより何倍も難しいことです。学習法を変えるのは「今日から、このやり方でやろう」と決めた瞬間に変えられますが、「頭の中で何をするか」を変えるのは、並大抵のことではありません。

　それを実践するためには、「つねに心がける」ということが必要です。

　今までとは大きく異なる考え方や姿勢で臨むには、いちいち自分で気をつけていなければなりません。そうこうしていくうちにクセになって、無意識のうちに激伸びしている人と同じような処理ができるようになるのです。重要なのはこの姿勢だということを忘れないでください。

　それでは、以上のことを踏まえて、詳しく見ていくことにしましょう。

第一部
条件編

第一部では、激伸びするために何が必要かを、3章10個の条件に分けて、ご説明します。

巻末に「激伸び指数チェックテスト」がありますので、これらの条件をどの程度満たしているかを確認してみてください。

第1章

激伸びするためのアプローチ

第1章では、激伸びするための下準備として、学び上手になるための、基本的な英語の練習に対する考え方や姿勢を説明していきます。

激伸び条件 1

複数の能力を連動して向上させている

ポイント

☐ 分野の壁をなくして有機的に練習する

▶ 分野の壁をなくして有機的に練習する

集中しすぎると逆効果

　英語の練習は、単語・文法・リスニング・リーディング・スピーキング・ライティングという6つの分野、または能力ごとに分けて取り組んでいると思います。そして、多くの人が、文法の練習をしているときには文法のことだけを考え、リスニングの練習をしているときには、英文を聞き取って理解することだけに集中しているようです。

　もちろん、集中して練習すること自体は大切です。が、あまりに練習中の分野に集中しすぎると、ほかの分野のそれぞれを互いに関係のないものとして分断することにもつながり、かえって逆効果となることがあります。本来、これらの能力は互いに密接に関係があり、どの練習をしていても、それ以外の複数の能力も連動して向上するはずなのです。

激伸び条件1
複数の能力を連動して向上させている

　そこで、「すべての能力は連動している」という意識を持って、どんな練習をしているときにも、英語力全体を向上させるつもりで行うことが重要です。

　そのために、まず、

> どんな練習をしているときでも、練習中の能力以外の英語力をおろそかにしない

ということを心がけましょう。

　たとえば、単語集で単語の練習をするときのことを考えてみてください。

　たいていの単語集には例文がついています。この例文に関しては、当然ながら英文を「読む」のですから、単語の練習中であっても、その瞬間はリーディングの能力を使っていることになります。

　したがって、**単なる単語の例文でもおろそかにしないこと**が大切なのです。内容まで深く理解し、まるで文学作品の1文を抜き出してきたかのように、その例文が実際に使われるような状況、書き手や描かれている登場人物の心情まで把握しようとすれば、たとえほんの少しでもリーディングの練習になります。

　1週間単位で考えれば、数十個程度と比較的多くの単語を覚えようとするはずですから、読む例文の数もそれに合わせて増えていき、合計するとかなりの量になります。たとえば、1週間に50個のペースで単語を覚えると仮定すると、1つの単語に1センテンスの例文しかなくても、結局は50センテンスの例文を

熟読することになります。もし1週間に100個なら100センテンスです。

そして、50〜100センテンスというのは、英検やTOEICなどの長文問題に換算すると、数個から10個を超える長文数に相当します。これだけの分量を真剣に読めば、毎週続けていくうちにかなりの練習になると思いませんか？

練習の「深さ」が問題

ところが、単語を暗記することに集中しすぎてしまうと、単語を覚えさえすればいいわけですから、暗記以外に注意が向かなくなります。例文もあまり深く読まず、例文訳を見て理解できた気になって終わってしまい、あとはひたすら単語の暗記になります。

たまたま、すでに覚えている単語が出てきたら、「ラッキー」とばかりに例文すら読まないということもあるかもしれません。そうやってきちんと読まない分だけ、リーディングの練習機会を逃すわけです。

そうすると、長文の1文と同じように例文まで真剣に読む人と、例文をおまけ扱いしたり、まったく例文を読まなかったりする人では、リーディング力に相当な差がつく可能性があります。仮に、両者とも「きちんと単語を覚える」という見た目の目標が達成できたとしても、単語集を1冊終わる頃どころか、かなり早い段階で、差がつくでしょう。

そして差がついても、「単語を覚えた」という表向きの成果が

激伸び条件1
複数の能力を連動して向上させている

同じである以上、伸びなかった人は「同じことをやっているのに、なぜ自分は伸びないのかわからない」となるわけです。

しかしこれは、同じことをやっても伸びが異なるのではなく、**伸びた人ほど深くやっていないために生まれる当然の差**なのです。そして、この差は、「生まれつきの語学の才能」などのせいではなく、見た目が同じでも、頭の中で何をやっているかが違うことが原因であると、おわかりいただけると思います。

今は文法の勉強中

これはもったいない練習の仕方

どんな英文でも「深く」読む

英文を読む練習をしているのは、リーディング用に作られた教材や、新聞、小説、雑誌など、読むために作られた素材を使って、自分が「今はリーディングの練習をしている」と意識しているときだけではありません。

どんな練習をしているときでも、「読む」という動作を行うときには、リーディング能力を使っています。ですから、たとえ

単語集の例文でも、文法書の例文でも、そしてリスニングの設問やスクリプト、辞書にある例文でさえ、文学作品や自分あてのメールの1文を読んでいるつもりになるのです。そして、正確に読み、内容まで深く考えて、その隠された意味や、書き手の心情などまでを読み取ろうと心がけるのです。

　そうすることによって、どんな英文でも、どこに出てきた英文でも、読むたびにリーディングの練習をしていることになり、気がつかないうちにリーディング力向上につながります。

　つまり、**リーディング教材に出てくる英文と、そのほかの英文を区別しない**ということです。

　みなさんは英英辞典を引くことをどう思いますか。ときどき、「英英辞典を調べると、その調べた単語の定義の中に知らない単語が出てきて、さらに調べないといけなくなるから面倒だ」という意見を聞きます。

　確かに、知らない単語の意味を調べたいから辞書を引いているのに、そこでまた知らない単語が出てくるのは煩わしいのかもしれません。

　しかし、「英英辞典を読むこと」それ自体がすでにリーディングの練習になっているということも忘れないでください。しかも、英文で単語の定義を読み、どんな意味かを理解するというのは、相当に高い読解力を要求されますし、例文も豊富につけられているため、英英辞典は実はかなりよいリーディング教材なのです。

　もちろん、英英辞典はリーディング専用教材として作られているわけではありません。しかし、だからといって敬遠される

激伸び条件1
複数の能力を連動して向上させている

のは、実にもったいない話なのです。

「○○の練習中」と思い込まない

　もちろん、これは「読む」ことに限ったことではありません。たとえばCDが付属している単語集の場合を考えてみてください。

　このCDには、収録単語や例文が吹き込まれているのですから、これを聞けば、単語を覚えるのと同時に、リスニングの練習になるはずです。そして、単語の例文であっても、英文を聞くという動作を行うときには、まるで**ネイティブスピーカーが実際にそばにいて、その人が自分に向かって話しかけている**というぐらいのつもりで聞きましょう。そして、文全体を正確に理解しようと心がけながら聞けば、その分だけリスニング力が向上するのです。

　ここまでいくつか例を書きましたが、これはどの能力から見ても同じです。

　「単語」「文法」「リスニング」「リーディング」「スピーキング」「ライティング」のどれかひとつを練習しているときにも、実際にはそのほかの能力も使っていることが多いのです。そのときに、「今は○○の練習中」だからといって、そのほかの能力を使うことをないがしろにしてはいけないということです。

　「今は○○の練習中」という思い込みが強すぎると、すべての能力を連動させて練習することができなくなり、結局は伸びを押さえることになってしまいます。

　次の図が示すように、練習中にひとつの能力に集中しすぎる

人より、どんな練習をやっても、複数の能力が連動して向上していく人の伸び率が高いのは、当たり前と言えます。

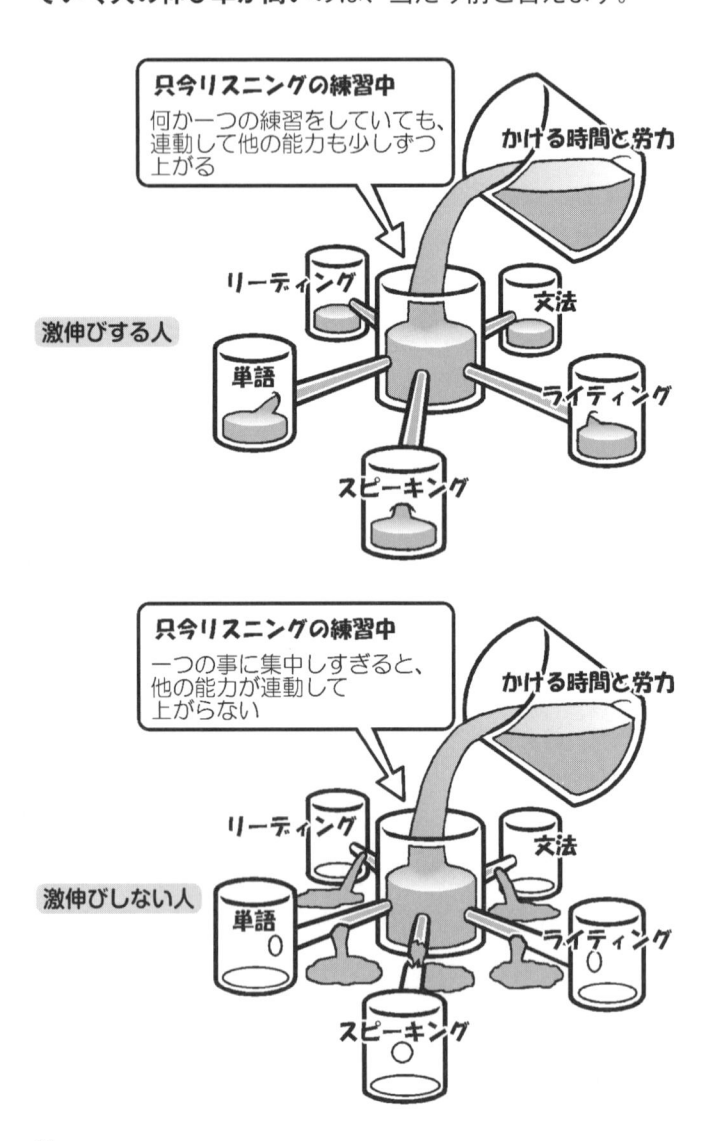

只今リスニングの練習中
何か一つの練習をしていても、連動して他の能力も少しずつ上がる

かける時間と労力

激伸びする人

リーディング
文法
単語
ライティング
スピーキング

只今リスニングの練習中
一つの事に集中しすぎると、他の能力が連動して上がらない

かける時間と労力

激伸びしない人

リーディング
文法
単語
ライティング
スピーキング

激伸び条件1
複数の能力を連動して向上させている

複数の能力を同時に高める

能力を連動させる効果はそれだけではありません。そのとき練習している能力も、より深く練習できるのです。

単語の例を考えると、例文を深く読み、聞くことで、リーディング、リスニング、文法の能力も向上させますが、逆にこれらに気を配ることで、単語の暗記もしやすくなるのです。単語の使い方や微妙なニュアンスがわかったり、その単語をリスニングで正しく処理できるきっかけにもなるのです。

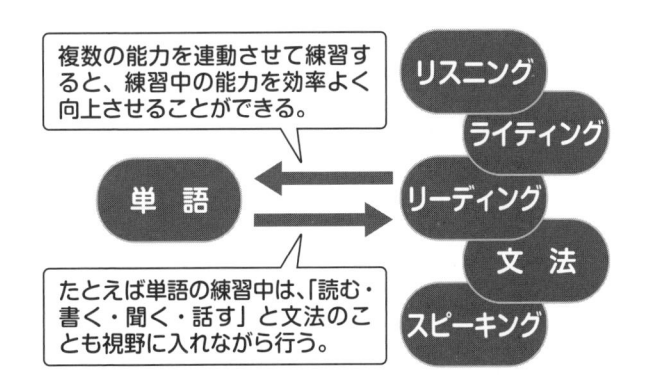

複数の能力を連動させて練習すると、練習中の能力を効率よく向上させることができる。

リスニング
ライティング
単 語 ⇔ リーディング
文 法
スピーキング

たとえば単語の練習中は、「読む・書く・聞く・話す」と文法のことも視野に入れながら行う。

つまり、ひとつの練習中に、ほかの能力も連動させるつもりで練習すれば、同時に複数の能力を上げることができ、練習中の能力の伸び率がさらに上がる、ということなのです。

このように、さまざまな能力を連動させて、いわば「有機的」に練習する方法は、激伸びには欠かせません。ぜひ、日々の練習に取り入れてください。

さて、以上を踏まえて、それぞれの練習ごとに、複数の能力を連動して向上させるポイントを一覧にしてみました。

単語の練習中に

文法力 UP!
- 例文を読むときには文法事項を正確に把握しようと心がける。
- 単語の使い方に気をつける。特定の前置詞を取るのか、名詞なら可算・不可算など。意味だけに集中しない。

リスニング力 UP!
- CD を活用して、聞いてすぐにリアクションが返せるぐらいのつもりで聞く。例文も自分に向けられたメッセージのつもりで、しっかり聞いて理解しようとする。
- 発音を正確に覚えることはリスニングにも効果大。

リーディング力 UP!
- 例文を文学作品の1文、自分あてのメールの1文のつもりで読む。
- 例文の意味が取れるまで、例文訳は見ない。

スピーキング力 UP!
- きちんと口に出し、自分で使っている様子を想像しながら、独り言で話してみる。
- 例文も音読する。
- 単にうまく読むことに終始せず、話しているつもりになって口に出す。

ライティング力 UP!
- 単語を何度も書いて覚える。その単語を使って短いフレーズをいくつか書いてみる。頭の中で作るつもりになるだけでも効果はある。

激伸び条件1
複数の能力を連動して向上させている

文法の練習中に

単語力 UP!
- 例文をよく読んで、知らない単語があれば、記憶にとどめるように心がける。知っている単語も使われ方に気をつける。

リスニング力 UP!
- 聞いて理解することを強く意識しながら、例文を口に出したり、自分で作ってみた文を口に出したりしながら、話しかけられているというイメージを持ちつつ、声をよく聞く。
- 練習中の文法項目に気をつけながら、リスニング教材を聞く。文法項目別にセンテンスがまとめられたものがあれば、なおよい。

リーディング力 UP!
- 例文や文法問題の設問をリーディングの長文と同じように読み、書かれている内容や、書き手の心情、シチュエーションなどをイメージする。

スピーキング力 UP!
- 例文も、実際に話しているつもりで口に出して練習する。
- その文法項目を使って文を作り、独り言を言ってみる。

ライティング力 UP!
- その文法項目を使って英文や短いフレーズを書いてみる。または、例文の日本語訳を見て、元の例文に戻せるかを確認。

リスニングの練習中に

単語力 UP!
- スクリプトを読んだときに、知らない単語を記憶にとどめておく。
- 知らない単語は聞き取った音からスペルを予想し、辞書で確認。

文法力 UP!
- 文法を気にしながら聞く。名詞の数や、時制、冠詞など簡単な項目にも注意。
- 読んで処理できる文法項目は、聞いても処理できるようにしよう。

リーディング力 UP!
- スクリプトを読むときは、リーディングの長文を読むつもりで。
- 聞き取れなかった単語の確認に終始せず、本当に深く理解しているかどうかを読んで確認。

スピーキング力 UP!
- センテンス・トランスレーション（p.234 参照）の練習中も、聞き取ったセンテンスを口に出す。
- スクリプトを読んで、使ってみたい表現や文は口頭練習してみる。

ライティング力 UP!
- スクリプトを読んだときに、使ってみたい表現や文があれば、書いて練習してみる。
- 聞き取った内容を英文に書き出し、スクリプトと比べてみる。

激伸び条件1
複数の能力を連動して向上させている

リーディングの練習中に

単語力 UP!
- 知らない単語が出てきても、文脈からその意味を推測するように心がける。
- 知らない単語が出てきたら覚えるように心がける。
- 英和辞典を引くときには、例文をきちんと読む。
- 英英辞典を引いたら、定義を読むのもリーディングの練習であることを忘れずに、きちんと読む。

文法力 UP!
- 英文を読みながら、文法・構文を落とさないように気をつけ、それらの意味もきちんと取る。

リスニング力 UP!
- 自分に話しかけられているところを想像しながら読み、音声が聞こえるかのように読む。書き手の感情や話の内容からイントネーションが思い浮かぶくらいに。

スピーキング力 UP!
- 自分でも使ってみたいと思う文やフレーズは口に出してみる。難しくて理解できないところは、口に出して感じ取ろうとする。

ライティング力 UP!
- その英文を書いているような気持ちで読む。もし同じ内容を自分が書いたら、その英文と同じように書くのかを考える。

スピーキングの練習中に

単語力 UP!
- いろいろな単語を使ってみようと心がける。
- 言えなかった単語や表現はメモしておいて、あとから調べて暗記する。

文法力 UP!
- できる限り正確な文を作ろうと心がける。とくに、自分では理解できていると思えるような簡単な項目は、絶対に間違わないつもりで。ただし、流暢さにも注意する（p.274 参照）。
- 苦手な文法項目、使い慣れていない文法項目をできるだけ取り入れて話そうとする。

リスニング力 UP!
- 発音に気をつける。自分で正しく発音できるものは聞き取れる可能性が高いので、発音に注意するのはリスニングのためでもある。
- 誰かと話しているときに、相手が話すのを聞くのはリスニングの練習。聞き直さずにすむように、1回で正確に理解するつもりで聞く。

ライティング力 UP!
- よく話すトピックは、あらかじめ英文を作って覚えておく。話すことをノートに書くと、ライティングの練習（p.269 参照）も兼ねる。

激伸び条件1
複数の能力を連動して向上させている

ライティングの練習中に

単語力 UP!
- 単語が思いつかなくて辞書を引いたら、その単語は自分の単語帳などに写してあとから暗記する。
- どんな前置詞をとるか、名詞の場合は可算・不可算など、使い方まで理解できているかどうか確認。

文法力 UP!
- 文法的な間違いをしないように注意。とくに、比較的簡単な項目はミスしない。必要なところは、文法書を参照する。
- 書いた英文は徹底的に見直す。

リスニング力 UP!
- 自分で書いた英文を、他人が話しているのを聞くつもりで音読し、瞬時に理解するつもりになる。音の流れを感じることはセンスの向上にもつながる（p.122 参照）。

リーディング力 UP!
- 英作文の見直しもリーディング練習のつもりで読む。読み直すときには、何を書きたかったかよりも、これを読んだ人がどのように受け取るのかを考えながら、他人が書いたものを読むつもりで読む。

スピーキング力 UP!
- 英作文も自分の台詞として音読する。読みにくかったり、つっかえたりする箇所がないかも考える。

すべての能力はリンクしている

　ひとつの練習で複数の能力の向上を図るというこのコンセプトや、同時にほかの能力にも気を配るという考え方に抵抗を感じるのは、まじめな方が多いようです。まじめな方は、「ながら勉強」を嫌う傾向があると思いますが、この考え方も「ながら勉強」に通じるものと感じてしまうからでしょう。

　しかし、分野・能力間の溝をできるだけ浅くして、さまざまなことを連動させて習得しようとする姿勢は、「ながら」とは異なる「有機的」とも言える学習法です。

　英語の勉強においては、すべての分野や能力はリンクしているのであり、その分野や能力間に溝を作ってしまうほうが不自然な取り組み方です。どんなことをするときにも、英語力全体を上げるつもりで練習しましょう。そのほうが、結局は近道なのです。

　ただ、ここに書いたことを、どんなときでも全力でやりとげなくてはならないというわけではありません。あくまでも、今までよりも少しだけ気をつけていこうということです。

　やるか、やらないか、0か100かということではなく、5％しか気をつけていなかったものを10％にして、さらに20％にしていこうと心がけることが大切なのです。

激伸び条件 2

いつでもどこでも何からでも吸収する姿勢でいる

ポイント

- [ ] いつでも、どこでも学ぶ
- [ ] 下準備と計画で最大限の効果を上げる
- [ ] 何からでも学ぶ
- [ ] 「読む・聞く」は教材のレベルの幅を広げる
- [ ] 隙間時間に脳内練習をする
- [ ] いつでも英語を吸収できる姿勢でいる

▶ いつでも、どこでも学ぶ

机がなくても練習する

　多くの日本人は、中学・高校を通して勉学の教科のひとつとして英語を学んできました。その結果、「英語は机に向かってやるもの」という認識が強い方が多いようです。

　しかし、英語の練習をするとき、いつも理想的な学習環境にいるとは限りません。快適な場所で、机に向かって、すばらしい教材を使って、納得のいくまで時間をかけて勉強できるということは、あまりないのではないでしょうか。

ということは、激伸びするためには、それほど勉強に適していない環境や状態で、いかに学んでいくかが重要ということになります。「理想的な環境になるまで待つ」では、結局何もできないからです。

　このときに大切なのが、「いつでも、どこでも、何からでも学べる」という吸収力のよさです。時と場所と教材にこだわらず、つねに最大限の効果をもたらすように練習することが、伸びの速さにつながります。激伸びしている人は、総じてこの「いつでも、どこでも、何からでも」という度合いが強いのです。

　もちろん、机に向かって取り組むというのは結構なことですが、その気持ちが強すぎると、

英語は机に向かってやるもの

↓

机に向かうヒマがない

↓

ヒマができるまではやらない

↓

結局ヒマができず、何もしない

激伸び条件2
いつでもどこでも何からでも吸収する姿勢でいる

という悪循環に陥ってしまいがちです。こうなると、まったく英語が伸びないことになってしまいます。これは、サッカーの練習が必ずしもピッチ上でしかできないわけではなく、ほかの場所でも工夫次第でいくらでも練習できるのと似ています。

「グラウンドの予約が取れるのは週に１回だから、それ以外の日には何もしない」というより、「グラウンドが使えない残りの６日間も、自分なりにできることをする」ほうがはるかに上達するわけです。

英語もこれと同じで、机に向かえないから何もしないというのは、よくありません。向かえないときに何をするかが重要なのです。

通勤時間は有意義な勉強時間

また、「机に向かってやるもの」という思い込みがあると、まずいことがもうひとつあります。それは、たとえば通勤途中の電車の中で練習する気になったとしても、「机に向かっていないときにやるのはあくまで補助的な勉強」という考えになってしまうことです。

そういう認識では、電車の中でも甘えが出て、すぐに居眠りすることになります。家で英語に取り組むヒマがないから、通勤・通学途中でがんばろうとしているのに、寝てしまっては伸びるはずがありません。

そこで、時間がなくて机に向かえない方は、自分は家では練習できないという事実を受け入れ、

> 場所にこだわらず、たとえどこであろうと、今、練習している場所こそが、自分のメインの学習場所である。

という認識を持ちましょう。

　家でできないのに、「今日もできなかった」と後悔しながら、結局何もせず日々を送るよりも、考え方を変えて、「家でできないから外でしよう」と思い切ったほうが取り組む時間が増えます。

　そして、たまたま家で机に向かって勉強する時間が取れたら、それを補助的なものとして考えるのです。くれぐれも、1年に数回しかないような「仕事もなく、ほかに用事もなく、疲労もなく、しかも数時間まとまってあるうえに、勉強する気になっている」というパーフェクトなタイミングを待たないようにしてください。そんな日はめったにないでしょうし、たとえあっても1日だけではだめで、ある程度やり続けなければならないのですから。

　机に向かっていなくてもかまわない、という覚悟さえ決まれば、逆にどこでもきちんとやろうという気になりますし、これまで無駄に思えた時間でさえ有効活用できます。

　5分でかまいませんから、できるときにできる練習をしていきましょう。人を待っている時間さえ、勉強できるチャンスですし、長い通勤時間は逆に有意義な時間になるかもしれません。

激伸び条件2
いつでもどこでも何からでも吸収する姿勢でいる

下準備と計画で最大限の効果を上げる

「電車内用」の教材を用意する

　さて、自宅で机に向かっていないときに勉強するうえで、重要なことがあります。それは、下準備です。

　まずは、どんなところで勉強するつもりなのか、場所を考えてください。会社の自分の席で昼休みや終業後にやるなら、机に座ってできるので自宅と同じような環境で勉強できますが、通勤途中の電車の中なら、そうはいかないでしょう。

　どこで練習するかによって、方法や持参するものが異なるはずですから、まずは場所を想定しておきます。

　そのうえで、何の練習をするかと、どうやって練習するかという実行方法を考えます。たとえば、混雑している電車内で、単語を練習しようと思った場合、単語集を開くこともままならないかもしれません。また、たとえ開けてもページをめくるのがひと苦労ということもあるでしょう。

　したがって、あらかじめめくりやすい単語カードを作るとか、何ページかだけコピーを取っておくなどの下準備が必要です。英字新聞でも、混雑した車内では開くことが難しいので、読みたい箇所を切り抜くなど、用意しておく必要があります。

　こういった下準備を、「そこまでする必要があるのか」と感じる方は、「やはり、出先や電車でやる練習は補助的なものだ」という思い込みがないかどうか確認してみてください。

　最大限の効果を引き出すために、下準備をするというのは大切なことです。

仕事帰りに勉強する

　また、仕事から帰ってきたあとに多少の時間的余裕があっても、家だと勉強する気にならない方もいるでしょう。一生懸命に働いて、クタクタになって帰宅し、お風呂に入ってご飯を食べてひと息ついたら、もうリラックスモードに入っているのが普通であって、そこから机に向かって英語に取り組むというのは、かなり難しいと思います。

　そういう方も、やはり「自分は家では勉強できない」という自覚を持ち、家の外で勉強することを考えてください。

　おすすめするのは、仕事帰りに勉強するということです。**自宅に帰るまでは、いわば「よそ行きモード」で、完全にリラックスしているわけではありません。その状態で、喫茶店などに立ち寄って、そこで勉強すればよいのです。**

　インターネットカフェでは、机のまわりをパーティションで区切った席が設けられていることが多く、個室に近い空間を気軽に得ることができるようになりました。こうした場所を利用するのも、ひとつの手です。

「忙し度」ごとの計画も立てる

　下準備や毎日の練習計画を立てるときには、忙しいときの練習計画も立ててください。いったん毎日の計画を立ててしまうと、忙しくて計画どおりにこなせそうもない日は、とたんに何もやらなくなるという、「0か100」というやり方の人をときどき見かけます。

　どんなに忙しくてもこれだけはやる、という基準がなければ

激伸び条件2
いつでもどこでも何からでも吸収する姿勢でいる

計画どおりに進められず、結局途中で挫折して、何もやらなくなってしまいます。

　計画を立てるときは、「毎日○時間する」とか「毎日、これとこれをやる」いう決め方ではなく、それぞれの曜日ごとに取り組む時間を決めましょう。

　たとえば、月曜日にはいつも会議があるから遅くなり、金曜日はノー残業デーだから早く帰れるという人が、「1日何時間」と決めても、うまくいかないのは当然です。

　または、帰宅時間ごとに決めてもよいでしょう。たとえば、7時までに帰宅したときにはこの練習、9時までに帰ってきたらこれ、というように、**帰宅時間に合わせた学習計画を立てておけば、「忙しいからできない」ということがなくなるはず**です。

◆ 何からでも学ぶ

菓子の包み紙さえ教材に

　英語の練習というと、英語学習素材として一般的に認知されているものを使うという方が多いと思います。学習者用に作られた教材、または英字新聞や雑誌、映画や海外ラジオ番組といったものです。それはそれで大切なことですが、英語の勉強は教材を使って行うものであるという思い込みがあると、教材から得られる知識や情報を重要視するあまり、それ以外から得られるものを軽視したり、受けつけなくなるおそれがあります。

　激伸びするためには、「いつでも」「どこでも」学べることに加

え、「何からでも」学べるようにすることが大切です。そのためには、自分が教材だと思っているものだけからしか学べないというのではなく、どんなものでも教材にできる必要があるのです。

　まずは、英文である限り、**どんなものでも教材の英文と同じように接する**ということから始めましょう。

　たとえば、日本で電気製品を買うと、英文による説明書が付属しています。海外旅行のお土産にお菓子をもらったときには、包み紙にちょっとした宣伝文句などが英文で書いてあります。

　また、英語圏に海外旅行に行って帰ってきたときには、知らず知らずのうちに、観光パンフレットやカタログ、チケット、料金表、テイクアウトのメニュー、チラシなどがカバンにいっぱい入っているでしょう。洋楽が好きな方は、英語の歌を聞くと思いますし、コンピューターゲームの好きな方は、輸入版のゲームをしたことがあるかもしれません。

激伸び条件2
いつでもどこでも何からでも吸収する姿勢でいる

　こういったものも英語の教材と意識し、長文問題を読んだり、リスニング問題を聞くのと同じように取り組んで、学び取ろうとするか、それとも、「こんなものは教材ではない」と眼中にないか。この両者の意識は、積み重なると相当の経験の差になります。

生の素材は日常英語の宝庫

　もし、英語を学ぶ目的が、海外旅行や現地滞在を含む日常的な英語の習得であれば、こうした日常生活から得られる素材は、まさに「日常英語の宝庫」で、非常に重要だと言えます。生活に密着していて、よく使われる単語が多く、しかも、自分に関係があること、または興味があることが多いので、とても吸収しやすいのです。

　教材以外の素材は、解答や解説がついていません。そのために上級者向けのような気がして、抵抗を感じる方がいるようです。しかし、だからといって「英語が上達してからやる」というスタンスでは、せっかくのチャンスを無駄にすることになります。

　また、この姿勢は英字新聞や雑誌を使ってリーディングの練習をするときでも重要です。

　英字新聞や英文雑誌には、広告やテレビ番組欄、天気予報、求人広告、死亡記事、読者からの手紙、4コマ漫画まで、記事以外の形式で英文が多々出てきます。これらを、記事と同じような気合と精度で読もうとしていますか。

　また、記事のタイトルやサブタイトルはどうでしょう。ろくに読まずに、いきなり本文から読み出したりしていませんか。

新聞や雑誌を読むときには、どうしても「普通の」記事や、記事の「本文」をきちんと読もうということに注意が向いて、そのほかはおざなりになりがちです。

しかし、自分の英語の幅を広げ、センスを向上させるためには記事以外の英文も必要なのです。

◆「読む・聞く」は教材のレベルの幅を広げる

簡単な教材と難しい教材を併用する

教材を選ぶとき、自分の英語力に合ったものを選ぶということは大切なことです。たとえば、無理して難しい単語集や問題集を選んでも、基本的なところが押さえられていなければ、なかなか上達しません。

しかしながら、とくにリスニングとリーディングに関しては、適正レベルのものに加えて、自分よりも高いレベルのものと低いレベルのものを併用するほうが効果があります。

その理由として、リスニング力とリーディング力の向上のために、適正レベルのものを使うのと同時に、

- 現時点で簡単に理解できない、またはまったく理解できないことを、何とか少しでもできるようにする。
- すでに簡単に理解できるものを、1回でパーフェクトに理解する。

激伸び条件2
いつでもどこでも何からでも吸収する姿勢でいる

という練習が必要ですが、これは難度の異なる教材を使って集中的に行ったほうがやりやすいからです。

そして、次のような方針で練習してください。

- 自分にとって簡単なリスニング・リーディング教材を使って、2度聞き、2度読みは一切せず、必ず1回で理解する。そして、絶対に間違えない。一切読み落としたり聞き落としたりすることのないようにする。
- 自分にとってかなり難しい教材を使って、何回聞いても、何回読んでもかまわないから、少しでも理解できるように試みる。辞書や文法書も多用する。

基本的に適正レベルの教材というのは、自分にとって難しいものと簡単なものが混在しています。難しいところをきちんと処理することに意識が向くと、簡単なことをすばやく確実に理解しようという意識が薄くなります。つまり、簡単なところを軽視する結果にもなりかねません。

逆に、簡単なところだけでもきちんと理解しようという見方だと、8割しか理解できていなくても、「まあ、8割できればいいだろう」という気持ちになります。すると、今の時点で処理できるところだけに注目して、あとはちょっと見直しておしまいということになりがちです。

次の図で示すように、リスニングとリーディング教材に関しては、自分の適正レベルを中心に、よりネイティブレベルにランクアップしたものと、自分には比較的簡単なレベルにランクダウンした教材を、それぞれの目的に応じた使い方をするのが

効果的です。

　最初から簡単すぎるものを使う場合は、「簡単なのだから、すべてをパーフェクトにしよう」という意識を持ちやすくなります。逆に、はるかにレベルの高いものを使うときには、自分には手に負えないとわかっているのですから、「20%しか理解できないものを、なんとか30%にしよう」という気持ちで取り組めます。

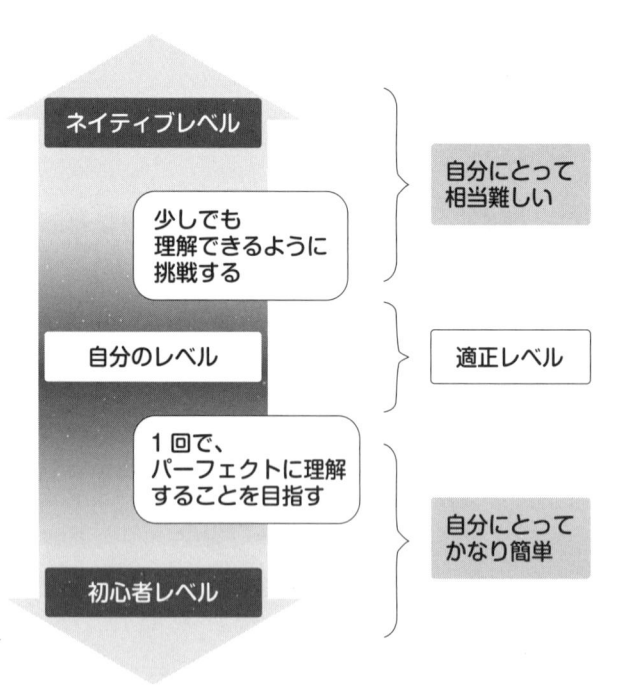

レベル	取り組み方	難易度
ネイティブレベル	少しでも理解できるように挑戦する	自分にとって相当難しい
自分のレベル		適正レベル
初心者レベル	1回で、パーフェクトに理解することを目指す	自分にとってかなり簡単

激伸び条件2
いつでもどこでも何からでも吸収する姿勢でいる

「無理やりやる」ことに意味がある

　英語に対して苦手意識の強い学習者にときおり見られることですが、ちょっとでも難しいことが出てくると、とたんに「自分には無理だ」と腰が引けることがありませんか。自分には無理だからといって、難しいことに対して尻込みしてしまうと、激伸びしないおそれがありますから、要注意です。

　たとえば、リスニング教材を考えてみましょう。

　よほどの上級者でない限り、海外のラジオ番組を聞いて理解したり、映画を字幕なしで理解するのは難しいはずです。ほとんど理解できないという方が大多数だと思います。

　しかし、だからといって、自分がついていけるレベルの教材ばかりやっていては激伸びしません。**わけがわからなくても無理やりやってみる**ということが必要です。もちろんできなくてもかまいません。やってみることに意義があるのです。

　理解できないものに無理やり挑戦する利点として、センスが向上するということがあげられます。詳しくは第3章で書きますが、自分の手に負えないものを無理に理解しようとするとき、自分の感覚やカンをフルに活用することになります。それが、センスを磨く役に立つのです。

　このほかにも、次のような利点があります。

リスニングの場合は、

　　スピードや音の変化に慣れる
　英語では、check it out が「チェケラウ」に聞こえるな

ど、個々の単語の発音からは想像できないくらい「ぐちゃぐちゃ」になります（リスニング編参照）。その発音に慣れる必要があるのですが、あまりにスピードが遅いものは、ここまでぐちゃぐちゃにならないので、むしろ不利です。

聞こえてくる単語以外の情報に気を配る

　難しいものを聞くとき、聞き取れるものだけで何とか話を理解しようとします。しかし、それだけでは理解できませんから、そこまでの文脈やイントネーション、話者の表情など、発話されている単語以外にも意識を向けて、ありとあらゆる情報を駆使して理解するという姿勢になるのです。つまり、英文だけに集中して意味を取るのではなく、総合的に理解することになります。

リーディングの場合は、

構文力が向上する

　難しいセンテンスを理解しようと悩んでいると、普通に考えても理解できませんから、今まで考えもつかなかったことを思いつくなど、思考がかなり自由になります。たとえば、「この単語は名詞だと思っていたけど、もしかして動詞では」、とか「この単語とこの単語はひとつの固まりだと思っていたけど、もしかして別々では」など、これまで思ってもみなかったことを、ふと思いつく瞬間があります。そして、その分だけ構文力向上の練習になるのです。

激伸び条件2
いつでもどこでも何からでも吸収する姿勢でいる

文脈を認識する

　読んでも理解できない難しいセンテンスの意味を取ろうとすれば、そのセンテンス前後の話の流れから推測することを強いられます。これを繰り返すと、どんなものを読んでいるときでも、つねに文脈を認識するくせがつきます。

単語に振り回されなくなる

　難しいリーディング教材は、自分の知らない単語がたくさん出てきます。全部の単語を調べるのも大変ですから、理解できなくても差し支えない単語と、わかっていなければならない単語の区別がついたり、知らない単語も文脈から意味を取ろうという気になります。

　また、レベルが高くて理解できないものをやってみるということは、わからないものに触れることに慣れて、抵抗がなくなり、**「わからない」と思った瞬間に硬直しなくなる**ことにもつながります。ぜひ、普段の練習に取り入れてください。

◆ 隙間時間に脳内練習をする

いきなり「脳内練習」してみる

　先ほど、「机に向かっていないところでも、下準備したうえで効率的に英語の練習を行う」という話をしましたが、次に実践していただきたいのが、

> **何の教材も準備していなくても、いきなり脳内練習する。**

ということです。

「脳内練習」とはどういうことかというと、バスや電車に乗っているとき、人を待っているとき、トイレやお風呂の中、テレビを見ているときのコマーシャルの間など、**ちょっとした隙間時間ができたとき、教材などなくても英語の練習をする**のです。

たとえば「これは英語で何と言うのだろう」と考えたり、以前にやった英語の問題や作文を振り返って、「あれはこういうことだった」とか、「あの作文はこう書くのが正解だった」と思い出してもよいでしょう。また、ネイティブスピーカーと話した帰り道に、「あのときにはこういう英語を使うべきだった」と頭の中で考えるなど、少しの間でも、何の教材も使わずに英語の練習ができるようにしておくということです。

英語の練習というと、テキストやDVDやCD、またはネイティブスピーカーと話をするなど、何らかの学習素材を使って行う、または練習相手が必要という思い込みがあるかもしれません。しかし、そのようなものがなくても練習できるという心構えでいれば、「今は、教材が手元にないから」とか「練習相手がいないから」という理由で練習ができない、ということがなくなります。

英語が好きな人は皆、やっている

そして、この脳内練習というのは、時と場所を選ばずどんな

激伸び条件2
いつでもどこでも何からでも吸収する姿勢でいる

ところでもできます。確かに、1回当たりにかける時間は数分からせいぜい10分と、その程度にしかならないかもしれません。が、それくらいの隙間時間は1日に何度もあるはずです。

そのうち数回でもこの脳内練習に当てれば、数週間、数ヶ月たつにつれて、まったくやっていない人と比べて、練習量がかなり異なることになります。

じつは、英語が好きな方はこれを無意識のうちにやっていることが多いのです。英語が好きな方はちょっとした拍子に、「これって英語で何て言うのだろう」とか、英語で話しているところを想像して英文を作るとか、外を歩いているときに目に入る英語について考えるなど、さまざまな形で、知らないうちに練習しています。

もちろん、こういう脳内練習の1回ごとの効果は、本当に些細なものです。しかしながら、数分でも追加練習としての脳内練習をすれば、それが1日数回、合計数分〜10分程度であって

も、1年365日継続すれば、相当の差になりうるのです。

　ですから、少しの隙間時間でも、自発的に英語のことを考えてみましょう。

脳内練習向きの題材とは

　さて、教材なしで練習するには、考える題材が必要です。次のような練習をしてみましょう。

> **目に見えるものを英訳する**
> - 自分のまわりを見渡して、目に見えるものをかたっぱしから英語で描写してみる。
> - バスや電車の中吊り広告を英訳してみる。
> - 人の話し声やテレビの音声を英語に直してみる。
> - 日本語の小説や雑誌を読んでいて、飽きてきたら英語の練習をすることにして、英訳してみる。
>
> **スピーチを考える**
> - 人生でいちばんうれしかったこと、自分の夢など、自分でテーマを考えて2分間の英語スピーチにまとめてみる。
> - 意見を問われているつもりで、その返答を考える。

　英語は新しいことを頭に入れるだけではなく、すでに頭に入っているものを何度も使って、定着させて技術へと昇華させることが必要です。**脳内練習はその知識の活性化につながるのです。**

激伸び条件2
いつでもどこでも何からでも吸収する姿勢でいる

いつでも英語を吸収できる姿勢でいる

ATMでも英語の練習

　ここまでは、「さあ、今から英語の勉強をしよう」と思ったときにどうするかを説明してきました。

　これに加えて、いつでもどこでも何からでも学べるという吸収力を向上させるために、もうひとつ大切なことがあります。それは、**学習中でないときにも学べる姿勢を持つ**ことです。どういうことかというと、普段の生活の中で、何気なく目や耳に入ってきた英語について考え、それを取り入れる心構えでいるということです。

　自分が「英語の勉強をしている最中である」という認識のないときにどれだけ取り入れるかも、伸びの大きな差となりうるのです。たとえば、町を歩いていれば、英語の看板や英語表記の説明を見かけることが多々あるでしょう。カラオケに行ったら歌詞に英語が出てきたり、日本語の新聞や雑誌、会社の書類にも英語が出てきたり、カタカナになった語句も多数出てくるはずです。

　水族館、動物園、美術館、博物館に行けば、展示されている生き物や展示品に関して、英語の名前と説明がありますし、英語のパンフレットもあります。

　テレビを見ていても、英語表記が出てくることがあります。オリンピックなど、国際大会のスポーツ中継では、出身国や種目名が英語で表示されます。ホテルに泊まれば、宿泊者用の規則や案内の英語版が必ず置いてあります。

郵便局の ATM の上には案内板がありますが、それには英語による説明もあります。

日本にいる限り、いつでもどこでも英語を見かけることになります。こういったものが目に入ったときに、ちょっとでも「どれどれ」と読んで「ふーん」と思うのか、それとも見向きもしないのかでは、やはり積み重なるとかなりの差になるのです。

もちろん、こうしたものすべての英文をきちんと読まなければならないというわけではなくて、**どんなところでも英文を見かければ、ちょっと読んでみようと思う頻度を増やすことが大切**なのです。

まずは英語に気づくこと

これらが出てきたときには、まず英語であるということに「気がつく」ことを目指してください。「今は英語の学習中でないから、英語が目に入っても気がつかない」となると、せっかくのチャンスを逃すことになります。

まず目に入ってきた英語を「英語である」と気づき、そのうえで、何気なく意味を考えたり、心の片隅にとどめておいたり、使い方を考えたりしてみましょう。これらのことをしているその瞬間は、**たとえそのつもりがなくても英語の練習をしている**のです。

激伸び条件2
いつでもどこでも何からでも吸収する姿勢でいる

英語の説明を「どれどれ」と読んでみる

英語に対する気持ちをオープンに保とう

　英語が好きな人は、「何気なく目に入った英語を気にとめて、もの思いにふける」ということを、自動的に無意識のうちにやっていることが多いのです。しかし、英語が嫌いな人や興味の薄い人は、英語の勉強をしていないときに英語が目に入ってきても、関心を持つことができない可能性があります。または抵抗があったりして、頭に入ってこないようにシャットアウトしてしまっているかもしれません。

　英語の知識を取り入れようという姿勢は、勉強しているときとそうでないときで、オン/オフを切り替えるものではありません。可能な限り、つねにオンの状態でなければならないということです。

　そのときどきによって、その姿勢が5％だけオンなのか、それとも100％オンの状態なのかという違いはそれぞれですが、「今は英語の勉強をする時間じゃない」という気持ちでいると、せっかくのチャンスを拒否していることになります。

「英語は気合を入れて勉強するもの」という思い込みが強い人も要注意です。気合を入れて、がんばって取り組むのはすばらしいことですが、同時に「気合の入っていないときにでも、吸収できるようにしておく」という姿勢が重要なのです。**何を見ても英語の練習に連動させるという意識**は、つねに持っておいてください。

　もちろん、これは英語を見たら必ずそうするということではありません。英語のことなど考えている場合ではないときもあるでしょう。今、10回のうち1回ぐらいしかできていなければ、それを2回か3回にしてみようということです。少しでも、「勉強時間」外に英語を吸収できるようにしてください。

激伸び条件 3

集中力とモチベーションと覚悟がある

ポイント

- [ ] 短時間でも集中して練習する
- [ ] 明確な目標を決めておく
- [ ] 「英語は大変」と覚悟する

◆ 短時間でも集中して練習する

集中力は激伸びにつながる

　英語の学習において、どれくらい集中して取り組んでいるかは、伸び率に大きく影響します。

　学習時間と効果の関係は、集中力以外にもさまざまな要因がかかわってきますが、基本的に、効果は集中力と時間のグラフによって表される面積で決まると考えてください。

　つまり、集中力が高いと短時間でも面積（効果）が広くなり、集中力が低いと同じ効果を得るために何倍もの時間を使う必要が出てくるのです。逆に言えば、もし時間があり余っていて、何時間かけてもかまわないのであれば、それほど高い集中力は要求されないことになります。（次の図参照）

したがって、もし英語に使える時間が無尽蔵にあるわけではなく、できるだけ早く激伸びさせたいのであれば、可能な限り集中して取り組むことが重要です。

　とは言っても、100％集中できるまではやらないという姿勢は、避けてください。たとえ、集中力がなくて効率が悪くても、やらないよりはマシです。やらなければ「ゼロ」なのですから。

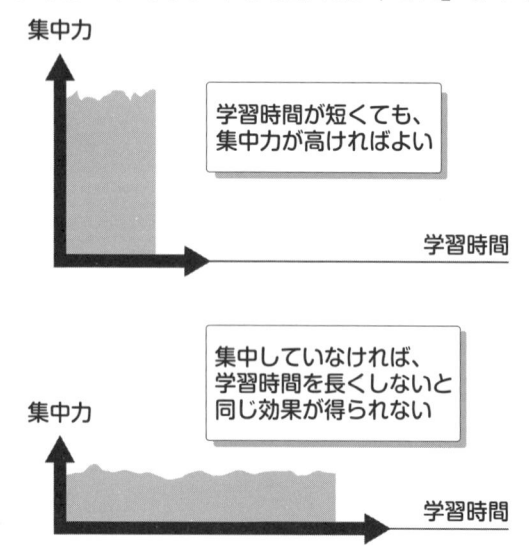

学習時間が短くても、
集中力が高ければよい

集中していなければ、
学習時間を長くしないと
同じ効果が得られない

集中力を発揮するには

　集中力が大切と知ってはいても、「なかなか集中できない」という方は多いでしょう。そういった方は、モチベーションと目標について少し考えてみてください。

　よく「集中力がない」と言う人がいますが、実際には集中する能力がまったくないわけではないはずです。たとえ、英語の学

激伸び条件3
集中力とモチベーションと覚悟がある

習に集中できなくても、好きなドラマや映画を見ているとき、本を読んでいるとき、友人と楽しく過ごしているとき、仕事で重要な交渉の場についているときなどは、かなりの集中力を発揮しているのではないでしょうか。

つまり、「集中力がない」というのは、「英語の勉強をしているときに集中できない」ということです。

「英語の勉強をするのが何よりも好き」という方でない限り、英語の学習は娯楽ではなく、あくまで「学習」や「練習」です。したがって、「つらい」という認識をお持ちの方が多いのです。そして、それを集中して行うためには、かなり高いモチベーションが必要です。

短期間での激伸びを目指すなら、「伸びたらいいなあ」とか「そのうち伸びるだろう」と漠然と考えるのではなく、「なんとしても」という強い気持ちを持つようにしてください。英語を勉強する人のすべてが、そうする必要はありませんが、**激伸びするためには、強い気持ちがあったほうがはるかに有利**です。

その強い気持ちは、「英語がものすごく好き」でもかまいませんし、なんとしても上達させたいという熱意でもかまいません。「しなければ困ったことになる」という事情でも結構です。

最近では、昇進試験に英語の能力を求める企業が増えてきました。「伸びないと昇進できない」とか、「できなければクビになってしまう」ということも強い動機となるはずです。

とにかく、苦痛でも面倒でも疲れていても、「やっぱりやらなきゃ」と思って実際に腰を上げられるような動機があったほうがいいでしょう。

集中する回数を増やせばいい

ただし、これも程度の問題です。激伸びする人がいつも顔が真っ赤になるぐらい気合を入れて100%集中しているわけではないですし、逆に、モチベーションが低い人がいつも低いわけではなく、たまには気が乗ってきて気合を入れて勉強することもあるでしょう。

したがって、「どんなときにも必ず100%集中して激伸びするか」、それとも「いつも集中できずにまったく伸びないか」という選択ではありません。比較的高い集中力を発揮する、その割合の問題です。

100回の勉強回数のうち、何回気合が入っていたか、何回集中してやっていたか、問題はその総量と頻度ということです。できる限り集中する回数を増やせばいいのです。

◆ 明確な目標を決めておく

必ず達成する目標を決める

問題は、モチベーションを維持するためにどうすればいいかということですが、いちばん手軽なのは、目標を持つことでしょう。目標があれば、それに向かって取り組むことができるので、やる気が持続しやすくなりますし、計画を立てて学習しやすくなります。

目標は、英語のレベルを上げることにつながるなら、何でもかまいません。

激伸び条件❸
集中力とモチベーションと覚悟がある

「ネイティブスピーカーみたいにペラペラになりたい」とか、「今、通っている英会話学校で上のクラスに入りたい」といったことでも結構です。もちろん「英検の○級に合格したい」「TOEICで○点を取りたい」のように、資格試験を目指してもかまいません。

いずれにしても、がんばって英語に取り組んでどうしたいのか、どうなりたいのかという明確なビジョンを持っていれば、それに向かってやる気になります。

ただし、**必要なのはあくまでも達成することを前提にした目標や夢や希望です**。どんなことを目標にしてもかまいませんが、「必ず達成する」という前提で決めてください。

途中目標と期限も決めておく

最終的な目標が決まれば、次に以下のことを決めましょう。

- 目指す最終レベルまでの道のりで、複数の目標を持つ。
- いつまでに達成するのかを決める。

まずは、最終的な目標に達成するまでに、途中で達成すべき目標をいくつか決めておいてください。

たとえば、最終目標が「ネイティブレベルの英会話力」という方は、一足飛びでそこまで行くわけではないので、かなりの長い道のりとなります。その間に達成すべき目標があれば、自分がその道のりの中でどのあたりにいるのか、現在位置がわかります。現在位置がわかれば、あとの道のりがどれくらいあるの

かわかりますので、練習しやすくなります。

そして、**すべての目標には期限を設けてください。**

たとえ、最終的な目標が「ネイティブレベルの英会話力」でも、「TOEICで900点」でも、それを今から1年後に取得することを目指すのか、それとも10年後でもかまわないのかでは、日々の練習量が異なります。高い目標を持っていても、期限を切らなければ、日々の生活に流され、英語に取り組むのがあとまわしになったり、自分に甘えが出たりします。

具体的に何の目標もない方は、資格試験を使ってペースメーカーとするのもいいでしょう。

資格試験というと、受験勉強に対する連想から拒否反応を示す方もいるようです。しかし、試験のために勉強するというよりも、**試験の結果を自分の道しるべとする**という姿勢で取り組めば、長い道のりの中で、自分がどの位置にいるのかが客観的にわかりますし、その後の計画や目標が立てやすくなるはずです。

「目標は日常英語」の落とし穴

英語に取り組む目標として、「とりあえず日常英語ができればいい」とか「まずは日常会話をマスターしたい」と言う方も多いようです。

「とりあえず」「まずは」ということから考えて、高度な英語というよりも、比較的平易な英語のことを想定しているのだと思いますが、本当の「日常」というのは、友人との会話から、仕事、テレビを見ることまで、現在行っている生活をすべて英語だけでこなすということですよね。したがって、じつは相当レベル

激伸び条件3
集中力とモチベーションと覚悟がある

の高い話のはずです。

しかし、「とりあえず日常英語を」と考えている学習者の中には、自分が努力しなければならないときには比較的平易なレベルの英語を想定して勉強し、目標としての「日常英語」は、ペラペラと英語を話しているところを想定するなど、ギャップがある人が見受けられます。

そうならないように、本当の「日常英語」というのは、じつは相当に難度の高い話であり、それだけの努力を要するということは理解しておきましょう。そのうえで、**自分の日常生活のどれくらいの範囲まで英語でできるようになりたいのか、明確なビジョンを持ち、それに合わせて練習するように**してください。

▶ 「英語は大変」と覚悟する

「コツさえつかめばできる」のか？

英語を勉強するうえで忘れてはいけないのが、「英語力を伸ばすのは大変なことだ」という認識です。

英語の練習は技術の習得ですから反復練習が必要で、英語が好きではない方にとっては相当つらいものになります。したがって、やるには覚悟が必要なのです。

心のどこかで、「適当にちょこちょことやればすごく伸びる」とか、「コツさえつかめば」という考えがある限り、きちんとしたやり方でやろうという姿勢にはつながらないため、結果としては伸びにくいと言えます。

最近は、英語教材が氾濫し、中には「○時間で」というキャッチコピーのものをよく見かけます。こういったタイトルのものばかり目にしていると、知らず知らずのうちに、本当に数時間で英語がものになるという気がして、その結果、きちんとやることに抵抗を感じる人も、中にはいるようです。

問題は「自分」が伸びるか

　確かに、「○時間で」というキャッチコピーの教材で伸びていく学習者もいるかもしれません。しかし、いちばんの問題は自分がそのひとりとなりうるのかどうかということです。

　たとえ、使用者の99％が「この教材を使ったら○時間で劇的に伸びた」と感じていても、自分が残りの1％の「役に立たなかった」と感じるグループに入ってしまえば、役に立たないということになるのです。

　たとえまわりがどうであれ、教材のキャッチコピーがどうであれ、**「自分」が伸びるのは並大抵の努力ではすまないという考え方のほうがいいでしょう。**

　たとえば、「30時間ぐらいやればかなり伸びるだろう」という見通しでいるなら、100時間やれば人より相当努力していると思い込みますから、それ以上がんばる気力も起きないでしょう。しかし、「2000時間必要だ」と思っていれば、100時間やったところで、「自分はまだまだやっていない」という認識になりますから、「もうちょっとがんばらないといけない」という気になります。こうした思いこそがモチベーションにつながるのです。ぜひ、覚悟を決めてください。

第 2 章

知識から技術への転換

英語力を劇的に向上させるには、技術として習得することが大切です。第 2 章では、いかに知識から技術へ発展させるかを考えていきます。

激伸び条件 4

技術として習得しようとしている

ポイント

- [ ] 知識を頭に入れたあとの練習を重要視する
- [ ] 反復、反復、また反復
- [ ] 単語・文法を「使いこなす」練習をする
- [ ] 伸ばしたい能力を使いまくる
- [ ] 瞬時に取りかかれる姿勢でいる

▶ 知識を頭に入れたあとの練習を重要視する

英語もテニスの練習と同じ

英語の練習というのは、ピアノの練習やスポーツの練習とよく似ているところがあります。

たとえば、テニスを基礎から身につけるときには、まずはラケットの持ち方から始まって、腕の振り方、脚の運び方といった、スイングの仕方を教えてもらったり、入門書を読んだりするなどして、最初に頭で理解します。それからそのとおりに素振りをしたり、テニスコートで実際に打ってみるという段取りになると思います。そうして、何度も何度も練習することに

激伸び条件4
技術として習得しようとしている

よって、だんだんと体に身についていきます。正しいフォームを本で読んで暗記したからといって、ボールが思ったところに飛ぶわけではありません。

そして、いったん身についてしまえば、もうスイングを頭で考えることはないでしょう。飛んできたボールを打ち返すときに、「まず、腕の振り方はこうだったな」などと、本に書いてあるスイングの仕方をステップごとに思い出しながらラケットを振ることはないはずです。何よりも、頭でそんなことを考えていたら、とても間に合いません。

それでも、きちんとしたフォームが身についていれば、無意識のうちに体が勝手に動いて、ボールはちゃんと飛んでいくはずです。

英語もこれと同じことが言えます。たとえば、文法を頭にたたき込んで、公式のように意味や形を暗唱できるからといって、必ずしも使いこなせるとは限りません。日本人が苦手とする"r"や"th"の発音の仕方を本で覚えたからといって、きれいに発音できるわけではありません。

ましてや、「読む・書く・聞く・話す」の最中に瞬時に処理するのは、なおさら難しいというのはおわかりいただけると思います。

頭に入れてからが本当の練習

　もちろん、最初は頭で理解していなければなりません。

　ラケットの振り方も何も知らずに単にボールを打ち続けさえすれば、そのうち思ったとおりに飛ぶようになるかというと、そうはいきませんし、もしできたとしてもやたら時間がかかるのと同じで、英語を学ぶ場合も、最初は頭で理解していたほうが圧倒的に有利です。

　しかし、そこで終わるのではなく、そこから**実際に技術を習得するつもりで練習しなければならない**のです。

　ところが実際は、理解して頭に入れることに終始するような学習をしている人が非常に多いようです。

　知識として英語を頭に入れるのは、先ほどのテニスの話で、スイングの仕方を文面で暗記するのと同じくらいにしかなりません。自分の思ったとおりのボールを飛ばすことができるというのを10とした場合、スイングの正しいやり方を頭で知っているというのは、どれくらいになるでしょう。せいぜい2とか3ぐらいではないでしょうか。テニスの難しさを知っている人なら、1以下と言うかもしれません。

　英語の知識を頭に入れることは大切です。しかし、それは習得までの道のりで言えば、その程度なのです。

　したがって、単語であれ、文法であれ、発音であれ、英語に関するどんなことでも「最初に頭で理解して覚えるべきこと」とは、じつは**頭に入れてからが本当の練習**なのです。

激伸び条件4
技術として習得しようとしている

無意識に英語がわかるまで

　そこで、どんな練習をするにしても、「英語は技術である」ということを認識して、技術を習得するのと同じように練習してください。そして、いちいち思い出そうとしなくても無意識のうちに正しく処理できるということを目標に置きましょう。

　たとえば、文法を正確に使うのに、いちいち頭で考えなくても正しく処理できるとか、単語を見たときに「この単語の意味なんだったかな」などと考えなくても、瞬時に意味を把握してイメージや印象を浮かべることができたり、必要なときにすぐに単語を取り出せるようにするというのを目指すのです。

　リスニングのときに、「should＋have＋過去分詞が聞こえてきたけど、どんな意味だったかな」などと頭で考えているヒマはありません。

　結局、技術として習得するためには、最初は頭を使って理解したり暗記したりして、最終的には、頭を使わなくても正確に処理できるようにしなければならないのです。

頭に入れてからが本番

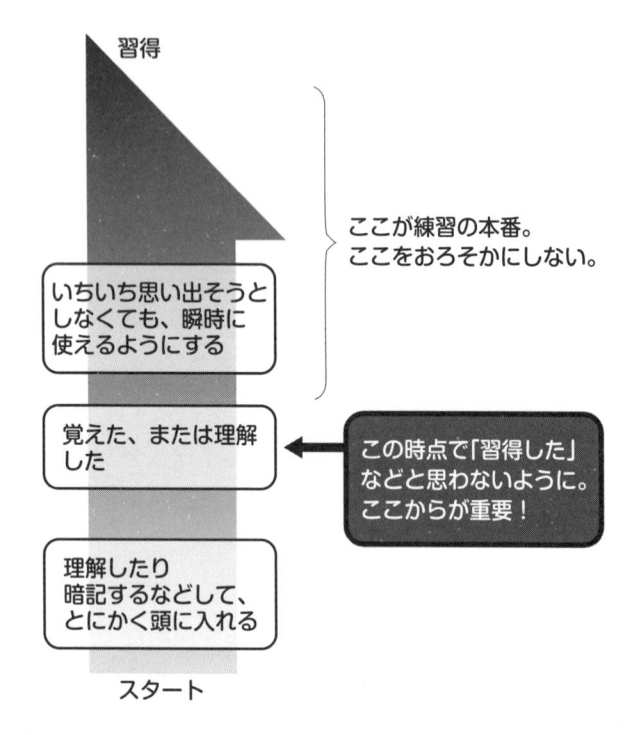

```
          習得
           ↑
           │  ┐
           │  │
  ┌─────────┐ │ ここが練習の本番。
  │いちいち思い出そうと│ │ ここをおろそかにしない。
  │しなくても、瞬時に │ │
  │使えるようにする  │ │
  └─────────┘ ┘
  ┌─────────┐   ┌─────────────┐
  │覚えた、または理解│ ← │この時点で「習得した」│
  │した       │   │などと思わないように。│
  └─────────┘   │ここからが重要！   │
                └─────────────┘
  ┌─────────┐
  │理解したり    │
  │暗記するなどして、│
  │とにかく頭に入れる│
  └─────────┘
        スタート
```

　要するに、頭に入れることは大切だけれども、それはあくまで通過地点。しかもスタート直後の通過地点であって、目的地ではないということです。**クセになって無意識に処理できるまでは練習が必要なのです。**

　なかなか激伸びしないという方は、一度、頭に入れてからが重要だと思って練習しているかどうかを振り返ってみてください。

激伸び条件4
技術として習得しようとしている

反復、反復、また反復

身につくまで反復する気があるか

さて、技術として英語を身につけるということを考えた場合、必要なのは徹底した反復です。

がんばっている割には伸びないという場合、その大きな原因のひとつに反復練習が足りないことが考えられます。何回やっても単語が覚えられないとか、苦手な文法項目がいつまでたっても使えないという悩みを持っている人は多いのではないでしょうか。

しかし、単語が覚えられないといっても、覚えられない単語を1000回（!!）ずつノートに書き写し、1000回ずつ自分で発音してみれば、さすがに覚えられると思いませんか。また、自分の苦手な文法項目は、参考書の説明と例文を1000回読み返して、その文法項目を問う問題を1000問連続で解いて、さらにその項目を使って、1000センテンスほど英作文してみれば、いくらできないと思い込んでいる自分でも、なんとかなると思いませんか。

さすがに1000回というのは大げさな話かもしれません。しかし、もし1000回やれば自分にも習得できるのであれば、果たしてぎりぎり何回で定着するのかを考えてみてください。500回ではどうでしょう。それとも、200回でも大丈夫でしょうか。でも、きっと10回くらい繰り返したぐらいではダメそうですよね。

こう考えると、結局は、自分に習得する能力があるかどうかではなく、**身につくまで反復する気があるかどうか**ということ

になります。

「何度も反復」は何回のこと？

　英語の学習において「何度も繰り返す」という反復練習が大切であるということは、ここで書くまでもなく、どの学習者もわかっていることでしょう。

　しかしながら、問題はこの「何度も」というのがいったい何回を指すのかということです。10回程度、単語をじっと見つめて覚えようとしただけで、「何度も反復した」という気持ちになってはいませんか。単語を1回読むのは、ゴルフやテニスの素振り1回分程度にしかなりません。10回くらい読み返したからといって、「何度も繰り返してやった」と思うのが根本的な間違いです。

　これはリスニングでも同じです。何度も繰り返して聞くことが大切ということはどの学習者でも知っていることですが、リスニングが伸びない方は、この反復回数が少ないことがよくあるのです。数回聞き返しただけで、あきらめてしまうことはありませんか。

　ちなみに私のレッスンでは、ディクテーション練習を宿題に出すとき、聞き取れない単語は1単語につき1週間で100回は反復して聞き、それを10単語分行うようにお願いしています。そこまでやらないと、音が身につかないからです。

　「100回反復」と聞いて腰が引けるかもしれませんが、1単語分だけ巻き戻して聞き直すというのは、実際にはせいぜい2〜3秒しかかかりません。したがって、100回繰り返したところ

で、5分程度です。

そして、1日100回ではなく、1週間かけて100回なのですから、実際には本当に少しの時間ですむのに、なかなか自発的にそこまでやろうという学習者はいないように思います。

どの練習でもそうですが、反復練習における最大の問題点は、反復にかかる時間よりもむしろ、反復することに対する心理的な抵抗や、必要な反復回数の見積もりの低さにあるといえます。

惰性の反復では意味がない

ただ、反復が大切とはいっても、実際は反復回数自体には意味はなく、単に「深くやり込む目安」にすぎません。数を重ねることに意識が向いてしまって、単に繰り返すだけでは効果が薄れます。

反復練習で大切なのは、1回ごとに「次の反復で必ず覚えよう」とか、「理解しよう」とか、「聞き取ろう」という強い気持ちで繰り返すことです。あくまでも、身につけるために反復することが目標となるべきであり、回数はその産物にしかすぎません。そして、たくさんの回数を繰り返す中で、1回ごとにこのような気持ちをどれくらい強く持てるかによって練習の効果に影響を及ぼします。冒頭で述べた「頭の中で何をして、何を考えるか」は、ここでも当てはまります。惰性で反復しないようにしましょう。

また、反復練習は、できるかどうかにかかわらず、繰り返すことに意味があるのです。たとえば、単語なら「覚えるまで反復する」ということでかまいませんが、リスニングの場合は、数回

程度反復して聞き取れない箇所は、おそらくこの時点では1000回反復しても聞き取れません。

しかし、だからといって、「数回反復したけど、聞き取れなさそうだからやめた」というのでは伸びません。聞き取れなくても、反復練習を続けて音ごと覚えてしまい、次に同じものが出てきたときに聞き取れることを目指す必要があるのです。

どんな練習をするにしても、そのとき使っている教材自体を理解するとか覚えるというのが反復練習の主要な目的ではなく、**別の機会に同じようなことが出てきても対処できるようにするため**だということは忘れないでください。

1日何度も、1週間にわたって

さて、学習者が一生懸命に英語に取り組もうとしたとき、見落としやすいのが頻度です。とにかく、1日の勉強時間を増やすということに目が向くかもしれませんが、じつはどれくらいの頻度で英語に触れるかも、激伸びするためには非常に重要なポイントです。

たとえば、1週間に10時間英語に取り組むとするなら、日曜日だけ10時間やって、あとの曜日は何もしないというよりも、毎日1時間練習して、土・日だけ2時間半ずつ行うほうが効率的です。社会人の方はどうしても土・日曜日に集中して練習しがちですが、できる限り平日も**毎日、そしてできれば1日数回にわたって英語に触れる**ようにしてください。

頻度とともにもうひとつ忘れてはいけないのは、一定期間にわたって同じことを反復し続けるということです。知識も技術

激伸び条件4
技術として習得しようとしている

も、取り込むことだけではなく、「残す」ことにも力を入れる必要があります。

　せっかく練習したのに、次の週には忘れているのではやったかいがありません。練習中は、そのときそのときで「理解する」「覚える」「できるようになる」ということを目指すだけでなく、**1週間後、1ヵ月後、1年後にも自分の中に残っていることを目標に取り組まなければなりません。**

　そのためには、たとえたくさん反復しても1日限りの反復では効果が薄く、ある程度まとまった期間にわたって同じことをやる必要があります。

　たとえば、単語を1週間に70個覚えると決めた場合、月曜日に最初の10個、火曜日には前日の単語には目もくれず、次の10個とやるのではなく、月〜日曜日の7日間ずっと、70個の単語を反復練習するということです。リーディングなら、同じ長文を1週間にわたって何度も読む、リスニング教材や海外ドラマは1週間同じものを何度も聞き返すなど、反復する期間にも気をつけましょう。

　技術の習得には、反復と頻度と期間という3つの要素が必要であるということは覚えておいてください。

単語・文法を「使いこなす」練習をする

単語と文法は「部品」

多くの学習者にとっては、「文法」「単語」「リスニング」「リーディング」「スピーキング」「ライティング」というのは、並列した関係にある6つの能力、またはそれぞれに練習すべき分野のように感じられるかもしれません。

しかしながら、これらはそれぞれ同じ関係にあるのではなく、実際には単語と文法を使って、「読む・書く・聞く・話す」を行っているのです。つまり、ある意味では、単語と文法は「読む・書く・聞く・話す」を行うための部品にしかすぎないということです。

そこで、文法・単語は「読む・書く・聞く・話す」のそれぞれと並列した別々の能力として学ぶのではなく、「読む・書く・聞く・話す」で使えるようにするという視点で学ぶ必要があるのです。

激伸び条件4
技術として習得しようとしている

「読む・書く・聞く・話す」と単語・文法の関係

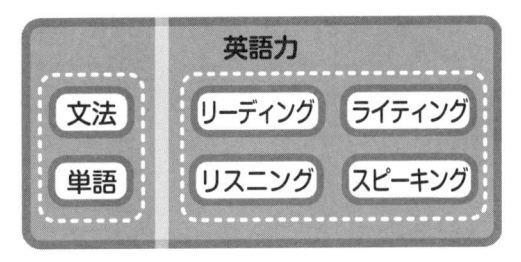

```
┌─────────────────────────────┐
│         英語力              │
│ ┌──────┐ ┌────────┐ ┌────────┐│
│ │ 文法 │ │リーディング│ │ライティング││
│ └──────┘ └────────┘ └────────┘│
│ ┌──────┐ ┌────────┐ ┌────────┐│
│ │ 単語 │ │リスニング│ │スピーキング││
│ └──────┘ └────────┘ └────────┘│
└─────────────────────────────┘
```

このような考え方だと、単語・文法と「読む・書く・聞く・話す」の間に溝ができやすくなり、使い回せなくなる。

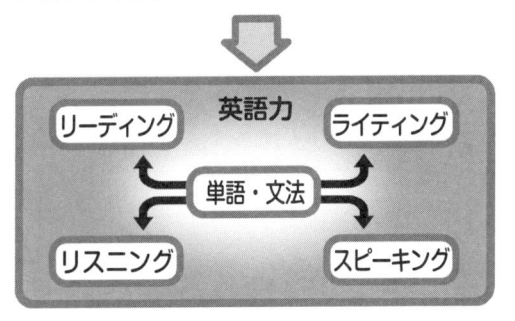

⬇

```
┌─────────────────────────────┐
│         英語力              │
│ ┌────────┐         ┌────────┐│
│ │リーディング│        │ライティング││
│ └────────┘  ↕単語・文法↕  └────────┘│
│ ┌────────┐         ┌────────┐│
│ │リスニング│         │スピーキング││
│ └────────┘         └────────┘│
└─────────────────────────────┘
```

「読む・書く・聞く・話す」のために単語・文法を学ぶ。

単語は使う場面を考えて学ぶ

単語を学ぶときは、単に頭に入れておしまいということではなく、「読む・書く・聞く・話す」の複数の技能で、できる限り落差のないように使えることを目標に練習してください。読んだらすぐに意味が取れるけれども、聞いても認識できないとか、書くとき・話すときには使えないという単語を増やさないよう

にしましょう。

　もちろん、すべての単語をすべての能力で使えるようにする必要はありません。日本語でも、「読めば理解できるが、話すときには使わない」単語があるように、英語でも、「読む・書く・聞く・話す」の間で多少の差があるのは当然です。

　ですので、単語を練習するときには、それぞれの単語について「読む・書く・聞く・話す」のどれに使うかを考える必要があります。とくに高レベルの単語集を使うときに必要です。

　自分が日本語でも言えないような難しい単語まで、話したり書いたりするときに使えるようにするのは、かえって効率が悪くなります。しかし、**基本的な単語や日常生活にかかわる単語は、4つの能力のそれぞれで使えるようにするつもりで練習してください。**

文法問題に正答できればよいか

　文法の学習というと、文法書を読み、文法問題を解いて練習するという方がほとんどではないでしょうか。学校の試験、または英検やTOEICなどの資格試験でも、文法問題が大きな要素を占めていることがあって、正答できることを目指して文法の学習を行うという方が多いように見受けられます。

　しかしながら、ここまで見てきたように本当の文法の「習得」というのは、文法問題に正答することだけではなく、「読む・書く・聞く・話す」で正確に使えるようにすることです。

　たとえば、「名詞の数」という文法項目を例にとってみましょう。

　英語には数えられる名詞と数えられない名詞があって、数え

激伸び条件4
技術として習得しようとしている

られる名詞の場合、それが複数なら複数形の-s をつけなければなりません。それは、英語学習者にはよく知られた文法項目です。

ここで、例を見てみましょう。次の英文を読んで、意味を考えてみてください。

> She finally found her earring and necklaces in her slipper one hour after her children hid them.
>
> hid「hide（隠す）の過去形」

この英文は「彼女は、子どもたちがイヤリングとネックレスを隠して1時間たったあと、ようやく自分のスリッパの中に見つけた」という意味ですが、earring と slipper が単数形、necklaces と children が複数形。つまり、彼女には**子どもが2人以上**いて、その子どもたちが彼女の**イヤリングの片方と2つ以上のネックレス**を、**片方のスリッパ**に隠したということです。

もし、これに気がつかなかった場合は、名詞の数を正しく処理していないことになります。そして、これらを間違えるというのは、結構大きな誤解につながると思いませんか？

そして、もし、この英文が実際にネイティブスピーカーによって話され、それを聞いていたとしたらどうでしょう。この英文を目で見ることなく、耳で聞くだけで、earring や slipper が単数形で、necklaces と children が複数形であると把握して、それを意味の中に組み込んでイメージすることができるでしょうか。書くときも話すときもそうです。earring と earrings を言い間違えたり、necklace と necklaces を言い間違えたりすれば、誤解される確率が高くなります。

「読む・書く・聞く・話す」で正確に使えないなら、「名詞の数」は本当に習得したとは言えません。「頭で理解しているのだから」と思うかもしれませんが、間違えてしまったら、結果だけを見れば、その文法項目を知らなくて間違えているのと同じことになってしまうのです。自分で簡単だと思っている項目を、「使えない」とか「知らない」と思われるのは不本意ですよね。

文法を使いこなす練習を

「読む時にはともかく、聞いているときに名詞の数なんて気をつける余裕がない」と言う人がいますが、できるかどうかではなく、その練習をしているかどうかです。

名詞の数に気をつけて英文を聞く練習をしたことがない方も多いでしょう。もし、それに気をつけて「読む・書く・聞く・話す」の練習をしていないのなら、「知識を頭に入れるだけ入れて、あとは練習している間に勝手に身につくのを待つだけ」というやり方に終始していることになります。

そして、そのようなやり方がどのような結果をもたらすのか。それは、中学校からなじんできた一見「簡単だ」と思える文法項目を、今現在も「読む・書く・聞く・話す」でどれだけ間違えているかが証明しています。

そう考えると、名詞の数という簡単な項目ひとつとっても、「読む・書く・聞く・話す」で使えるようにするのは、本当は難しいことだとわかります。そのために、**いくら簡単な項目でも、使いこなせるようになるまでには練習を積む必要がある**のです。

最初は間違えてもかまいません。しかし、簡単だと思い込ん

激伸び条件4
技術として習得しようとしている

でいる項目でさえ、「じつは正確に使いこなせるようになるのはかなり難しく、相当練習をしなければならない」ということは、心にとどめておいてください。

まずひとつの文法に「気をつけて」みる

そのためにまず必要なのは、「気をつける」ということです。名詞の数であれば、絶対に間違えないように気をつけて話す、気をつけながら聞く、間違えないように読む、書くという感じで、自発的に意識しようとすることから始まります。ここまで何度も言ってきた「心がけ」ですね。

「そんな簡単な文法、頭ではちゃんとわかっている」というスタンスでは、いつまでたっても用心したり、気をつけたりせず、その結果、いつまでたってもうまく使えないことになるのです。

ただ、いくつもの文法項目を同時に気をつけようとするのは難しいので、**一度に1つか2つの項目に絞って、気をつけようと心がけてください**。たとえば、「今日は時制を絶対に間違えないように話そう」とか、「読むときに前置詞に気をつけよう」とか、そういった心構えで取り組みましょう。

何も文法は、正しい文を作るためだけにあるのではありません。文法がないと伝えられない、または伝えにくいことがあるから存在するのです。

したがって、どんな簡単な項目であれ、間違えてしまうと、その分だけ意味があいまいになり、誤解の原因になることを忘れないでください。

伸ばしたい能力を使いまくる

「話したい」のに「話す練習」をしていない？

　本書の冒頭で、「英語のすべての能力は連動している」という話をしました。したがって、リーディングの練習をしていても、リスニングやライティングの能力も多少なりとも向上するのでしたね。

　しかしながら、**伸ばしたい能力があれば、その能力を使って練習することが、最も効率がよい**のです。たとえば、スピーキング能力を伸ばしたいなら話して練習し、リスニング力を伸ばしたいなら聞いて練習するということです。

　こう書くと「そんなことは当たり前だ」と感じる方が多いのではないでしょうか。しかし実際には、伸ばしたい能力を使わない練習しかしていないことも多いのです。

　ちょっとここで、自分の英語の練習時間の内訳と、伸ばしたい能力の希望順位を考えてみましょう。次に表が2つあります。左側の表に、自分が上達させたい能力の順位を、1位から6位まで入れてみてください。そして、右側の表は、実際に自分が時間をかけている順番です。時間を多く使って取り組んでいる順に1位から6位まで入れてみてください。

　記入できたら、見比べてみましょう。

激伸び条件4
技術として習得しようとしている

上達させたい順番	
単語	
文法	
リスニング	
リーディング	
スピーキング	
ライティング	

練習時間が多い順番	
単語	
文法	
リスニング	
リーディング	
スピーキング	
ライティング	

　いかがですか。本来なら、うまくなりたい順番と練習時間が多い順番が同じになるはずです。しかし、実際はそうならないケースが多いようです。

　たとえば、「読む・書く・聞く・話す」という4つの能力の中で、ペラペラに話せるようになることがいちばんの目標という人でも、しゃべって練習するのがいちばん多いという人はあまり見かけません。それどころか、英語を口に出すという時間がゼロに近いという人が多いのです。

　しかし、それではなかなか上達しなくて当たり前と言えるのではないでしょうか。「話す機会がない」という方もいるでしょう。だからといって、リスニングや単語の練習ばかりしていても、連動して少しはスピーキング力も上がるとはいうものの、劇的な向上は望めません。これでは、ピアノがうまくなりたいのに、弾く機会がないといって、代わりにCDを聞いているというようなものです。

　話せるようになりたければ、どういう形であれ話して練習するのがいちばんなのです。その意味では、ネイティブスピーカーと話す機会がなくても、いくらでも練習はできます。

問題は、短絡思考的に「話す機会がないから、代わりにリスニングの練習をする」などと思っていないかということです（話す練習については、p.262 スピーキング編参照）。

「使う前提」で練習する

　これは、スピーキングだけではなく、リーディングでもライティングでもリスニングでも同じです。新たな部品となる単語と文法をコツコツ覚えていくことも大切ですが、同時に、すでに知っている単語と文法を使って、「読む・書く・聞く・話す」の練習をしなければならないのです。

　簡単な文なのに聞いた瞬間、読んだ瞬間に理解できない、簡単な文でもすぐには作れない、といった悩みは誰にでもあると思います。これは、単語と文法の知識的な問題ではなく、使えるように練習していないせいです。つまり、それらの練習に使った時間が少なすぎるのです。

　また、新しく単語や文法を覚えようとするとき、単に頭に入れるだけに終始しているのか、それとも「使う」という前提で練習しているのかも、大きな差となりえます。

　激伸びする学習者というのは、たとえば単語を覚えるのでも、スピーキングで使っている自分をイメージしながら、実際に話しているかのように口に出したり、またはその単語を使って簡単な英文を頭の中で作っている人が多いのです。

　まずは、「自分がどんな能力を伸ばしたいのか」を考えてください。そしてそのうえで、それに合った練習をするように心がけてください。**伸ばしたい能力はその能力を、使って使って使**

激伸び条件4
技術として習得しようとしている

いまくるというのがいちばん効率がよいのですから。

◆ 瞬時に取りかかれる姿勢でいる

取りかかるまでの時間

　一度チェックしていただきたいのが、この項目です。

　普段の生活で、ふとしたときに「英語でもやってみるか」と思う瞬間があると思います。その瞬間から、実際にやり始めるまで、どのくらいかかっていますか。

　「いざ勉強しようと思ってから、実際に取りかかるまでやたらと時間がかかる」ということは、よくあることです。たとえば、机の上が散らかっていて、まずは整理整頓から始めないといけなかったり、必要な教材や筆記用具が見当たらなかったり。すると、始めるまでにどうしても時間がかかります。

　また、前回は何を使って練習したのか、覚えていないこともあるでしょう。「せっかくやる気になったのだから、新しい教材でも買いに行くか」と、その日は買い物に出かけてしまうこともあるかもしれません。

　そうこうしているうちに、貴重な時間が無駄に過ぎていき、しかもその間に勉強しようという熱意も冷めてしまう……。そんな心当たりはありませんか。

　せっかく、やる気になっているのにもったいないですよね。こんなことのないように、普段から、**いつでも瞬時に取りかかれるようにしておく必要がある**のです。

１分以内にスタートしよう

　実際に取りかかるまでの時間というのは、逆に、普段からどれだけ英語に取り組んでいるかというバロメーターにもなります。

　たとえば、毎日のように英語の勉強をしていて、しかも計画を立ててきちんとこなしている方は、当然ながら、教材が見当たらないとか、何をやったらいいか悩むということがありません。そのため、「今からやろう」と思い立ったときに、すぐに取りかかれる状況のはずです。

　自分の部屋にいて、「英語の勉強をしよう」と思ってから、果たしてどれくらいの時間でスタートできるか計ってみてください。１分以内にスタートできなければ、勉強の習慣ができていない可能性があります。

　そして、**英語は習慣的に取り組んでいなければ伸びないのです。**

激伸び条件 5

練習中に深く考えている

ポイント

- [ ] 答えを引き出す苦しみを味わう
- [ ] 答えまでの途中経過も重視する
- [ ] 「狭く深く」「浅く広く」練習する
- [ ] 3-Step メソッドで問題集を反復する

▶ 答えを引き出す苦しみを味わう

頭の中のネットワーク化

単なる「知っていること」から「使える」技術に昇華させるためには、「知っていること」を自分の力で何度も引き出して練習することが必要です。つまり、これまでに頭に入れた知識や身につけた能力を使って、自分の力だけでどうにかして答えを見つけたり、理解したり、または、正しい英文を作ったりという練習をすることが大切なのです。

次の図を見てください。

完全に習得し、ネットワーク化された項目

図のような吹き出しの説明:
- 1: 習得途中の知識・技術。まだ自由に使いこなせるわけではない
- 2: 一度は習得してネットワークに組み込んだが、使わないうちにだんだんとさびついてきた知識・技術
- 3: 頭に入っているだけの知識。または、自分ではうまく使えない技術
- リンクが細い
- リンクが少ない

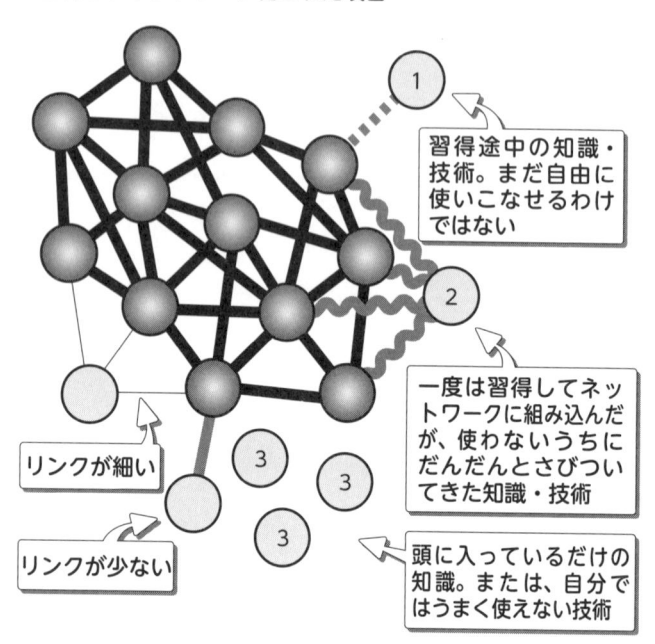

　図のように、習得した技術や知識は、自分の中でネットワーク化されて、自発的に連動して使いこなせる状態になっています。これらの項目は、単語であったり、文法であったり、自分で聞き取れる音の連結や脱落、話すときや書くときに自由に使える構文などさまざまですが、いずれにしても、「自分で引き出して使える」状態になっているものです。

　そのほかにも、①のように習得途中の知識・技術や、②のようにいったんは習得したものの、使わずに放置していたためにネットワークから外れてしまいそうなもの、③のように、頭に入っているものの、まったくネットワークに取り込まれていな

激伸び条件5
練習中に深く考えている

いものが自分の中にあります。

　もちろん、ネットワークに組み込まれているからといって、みな一様に使いこなせるわけではありません。リンクが細いものから太いもの、ほかの項目とあまりリンクしていないものまでさまざまだからです。

　たとえネットワークの中に組み込まれたものでも、定期的に使っていかなければ、リンクはだんだんと細くなって、そのうちに断線することになります。

　そこで、新しい知識や技術を自分のネットワークに取り込み、同時にすでにネットワーク内にあるものをつねに使える状態にしておくために、

① 習得途中の知識・技術をネットワークに完全に取り込む。
② すでに習得した知識・技術をネットワークに残す。
③ 頭に入っているだけの知識、自分ではうまく使えない技術をネットワークに取り込む。

という作業が必要です。そして、このために必要なことが、ここまでに述べてきた反復練習に加え、

　　自分で引き出して練習する。

ということなのです。

自分で正解にたどり着く

　教材を使って学習しているとき、あまり深く考えないうちから、答えを見て、そして納得して終わりというやり方を見かけます。文法問題の答えや、リスニングのスクリプト、長文の日本語訳、英作文問題の解答例を見る、またはネイティブスピーカーに添削してもらうというのがこれに当たります。

　しかしそれでは、自分で正解までたどり着くという練習をしたことにはなりません。

　ちょうど、見知らぬ場所に行くのに人にくっついて行くだけのようなものです。迷いながらでもひとりで行くほうが、誰かのあとにくっついて行くのと比べて、次からひとりでも行きやすいという経験はないでしょうか。

　せっかくやったことを、次の機会には自分の力だけでなんとかできるようにするために、答えを見る前に自分で引き出そうと心がけてください。

　「正しい答え」を見て、それを覚えたり、そこから学ぶことも大切です。しかし、**「答えを見る前に、どれだけ深く考えるか」も、同じくらい大切**なのです。

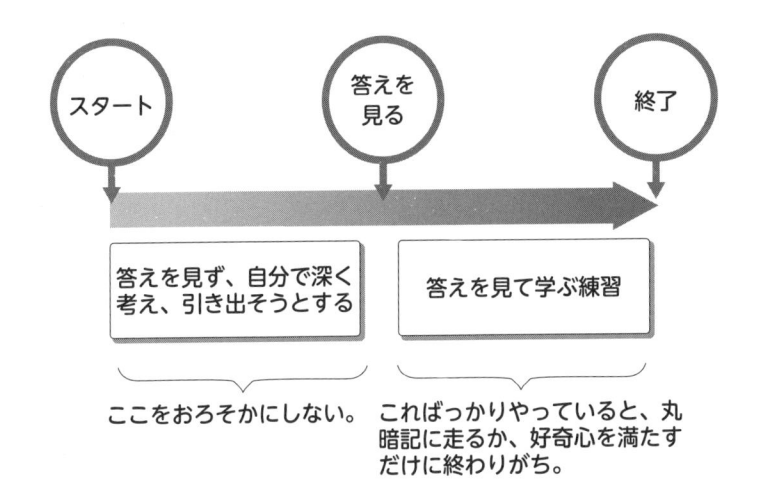

激伸び条件5
練習中に深く考えている

```
スタート ──────→ 答えを見る ──────→ 終了
         [答えを見ず、自分で深く    [答えを見て学ぶ練習]
          考え、引き出そうとする]
          ここをおろそかにしない。  これ--ばっかりやっていると、丸
                                暗記に走るか、好奇心を満たす
                                だけに終わりがち。
```

「産みの苦しみ」を味わう

　たとえあまり深く考えていなくても、多数の英文や問題に取り組めば、「読む・書く・聞く・話す」のいずれにおいても、すでにできることのおさらいと定着、そして瞬時に判断するという能力を向上させるのには役立ちます。

　しかし、自分ではなかなかできない問題ができるようになったり、自分では読めないものが読めるようになったり、聞けないものが聞けるようになるとは限りません。時間をかけていない以上、短時間で処理できたり、理解できたりするものしか注目せず、ちょっと考えてもわからない箇所は、深く考えもせず答えを見ているからです。

　答えのわからないものを、深く考えるというのはつらい作業です。しかし、それを避けていてはいけません。よく、新しい

ことを成し遂げるときに伴うつらさや苦労を、産みの苦しみにたとえることがありますが、**英語では答えを引き出す苦しみを味わったほうが、激伸びする可能性が高くなる**のです。

▶ 答えまでの途中経過も重視する

どう考えてその答えに至ったか

　問題集などを使っているとき、自分の答えが合っているかどうかに意識が向いて、解いたらすぐに答え合わせをして、そのできばえに一喜一憂する人をよく見かけます。しかしながら、**練習中に最も重要なことは、次に似たものが出てきたときに正しく処理できる応用力をつけること**です。リスニング問題に出てくる長文や会話、読解問題の長文、英作文問題で書かされる英文などは、実生活において同一のものに遭遇することはほとんどないでしょう。

　つまり、教材に出てきた課題や英文自体をこなせるかどうかはじつは重要ではありません。そこから学んだことを、次に似たような項目や英文が出てきたときにスラスラ解けたり、「読む・書く・聞く・話す」で間違えずに使うことができることが目標であるはずです。

　そのために重要なのが、途中経過も認識するということです。つまり、**自分が出した答えだけではなく、自分がどのように考えてそのような結論を出すに至ったのかを認識しておく**ということです。そうすれば、答え合わせをしたときに、もし間違っ

激伸び条件5
練習中に深く考えている

ていれば自分がどこで何を間違ったのかがよくわかりますし、答えは合っていたけど、考え方がまったく違っていたということがあっても、それに気がつくはずです。たとえ答えが合っていても、偶然当たったものは、次も当たるとは限りませんよね。

誤答も正答も理由がかんじん

たとえば、次の例を見てください。

He _____ some magazines yesterday.
(A) bought (B) buy (C) will buy (D) buys

彼は昨日、いくつかの雑誌を買った / 正答(A)

この設問は yesterday があることから、過去の話とわかるので、答えは(A)です。もしこの問題を間違った場合でも、どういう考え方で自分がその誤答を出したのかがわかっていなければ、また同じことを繰り返すかもしれません。つまり、正答の理由だけでなく、誤答の理由がわからないと、また別の機会に間違うかもしれないのです。

また、たとえ正解していたとしても、その理由がまったく見当はずれで、たまたま正答だったにすぎないということもあるでしょう。極端な例ですが、たとえば「magazines が複数形だから、過去形の(A)を選んだ」という人は、たとえ正答でも、その理由がかなりおかしいですから、次に同じような問題に出合ったとき、または英作文やスピーキングの際に時制に悩んだとき、正しく時制が選べるかどうかは怪しいと言えます。

このことは、文法問題だけではなく、英文を読んでいるときにも、聞いているときにも当てはまります。

　自分が「この英文はこういう意味だろう」と考えたあとに日本語訳を見たら、まったく見当はずれなこともあると思います。そのとき、その英文の正しい意味だけではなく、どこでどのように意味を取り違えたのかがわからないと、今後もまた同じ間違いを繰り返すかもしれません。

　英作文をしているときもそうです。何度も見直した英文でも、添削時にかなり訂正されることがあると思います。そのときに、「正しい英文はこう書く」という結果を見て「ふーん」と思うだけではなく、元の英文を見て、自分がどう考えて（または、何を考えそびれて）そのような書き方をしたのかがわからなければ、また同じ間違いを繰り返すことになります。

　自分がどう考えてそのような結論に達したのかということは、必ず認識しておいてください。これは、必ずしも論理的に考えた道筋だけでなく、「あまり考えずに書いた」ということでも結構です。深く考えなければならない箇所を、あまり考えなかったということですから、それはそれで「今度からこの項目をもう少し考えよう」と思えばいいわけです。

　とくに、正答が気になって、「すぐに答えを見ておしまい」としがちな方は、この点に注意してください。

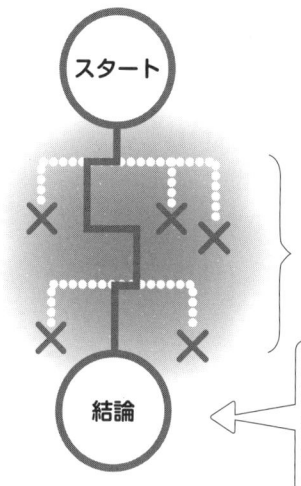

激伸び条件5
練習中に深く考えている

スタート

自分がどういう考え方で結論までたどり着いたのかを認識することも重要。ここがブラックボックス状態ではダメ

結論

自分で出した結論が、正しいかそうでないかだけに注目しない。たまたま正解だっただけで、じつは考え方が間違っていることもある

自分で正解した「つもり」になる

また、応用力をつけるのに必要な途中経過を認識するうえで、もうひとつ大切なことがあります。それは、答えを見たあとに、

> 答えを見ながらでもかまわないので、正解にたどり着くまでを自分で実感してみる。

ということです。

正解や解説を読むのは、ある場所に行くのに地図を渡され、説明されただけのようなものです。この場合、家の中で地図を見ながら「ここで右に曲がって、それから次の信号を左に行くと目的地に着く」と覚えようとするよりも、地図を片手に実際

にそこまで行ってみたほうが、地図なしでひとりで行けるようになるのが早いはずです。

それと同じように、解説を見て「なるほど」と思うだけではなく、解説を読みながら、そこに書かれている考え方や段取りを実際に体感してみる、つまり自分で実際に「たどってみる」ほうが、自分のものにしやすいのです。

教材の英文の意味がどうしてもわからなかった場合、日本語訳を見て「こんな意味になるのか」と思うだけではなく、英文を読み返して、「自分の力で分析しながらそういう意味に取っている」という気になってみてください。

文法問題を間違えた場合は、解説を読みながら自分で最初からそう思っていたかのように、解いている気になって、正解までの道筋をたどってみるのです。解説に、「(C)はto不定詞で前置詞のあとには入らないから選べない」と書いてあったら、もう一度問題を読んで、「(C)はto不定詞で前置詞のあとには入らないから選べない」と、**自分で気がついたフリをしながら思ってみる**のです。

気がつかないといけないことは、あとからフリでもかまわないから「自分で気がついてみる」。考えないといけないことも、フリでかまわないから「自分で考えついてみる」。つねにこのことを実践してください。これもやはり、「頭の中で何をして、何を考えるか」の差になるのです。

ゴルフやテニスなどでも、スイングの練習をしているときに、コーチが見本を見せるだけでなく、教えている相手の背後に立ち、その手をつかんで、実際に正しく振らせることがあります。これは、コーチに腕を正しく動かしてもらうことによって、正

しい動きを自分で実感しやすくするための指導法です。

　考え方はこれと同じです。正答を見る、解説を読むだけというのは、コーチのお手本を見るだけのようなものです。早く自分のものにしたければ、コーチに手を動かしてもらうかのごとく、解説どおりに「思ってみる」ということが大切なのです。

「狭く深く」「浅く広く」練習する

新しい教材にもどんどん挑戦

　技術として英語を身につけるためには、「反復練習」と「深く考えること」が必要という話をしました。しかし、これにはひとつ弱点があります。それは、時間がかかるため、さまざまな教材を使って練習できないということです。

　狭い範囲を何度も反復し、深く考える練習は重要であるとはいうものの、これだけでは不足で、とくにリスニング・リーディングでは新しい教材にもどんどんと挑戦していく必要があります。

　そこで、リスニングとリーディングの練習については、

> 狭く深くという練習と同時に、
> 多少浅くても次々と新しいものに挑戦する。

という両極端な練習を行ってください。

　リスニングであれば、２つの教材を使って、１つは反復練習用、そしてもう１つは、ある程度聞いたら次に進むというやり

方で聞いてみるといいでしょう。ドラマやラジオを使うなら、ある１シーンだけはディクテーションをしたり、何度も反復して理解しようとするつもりで聞き、残りの箇所はとにかく大雑把でかまわないから、１回しか聞かないつもりで大意を取ろうとするというやり方です。

リーディングも同じです。洋書や新聞・雑誌を使って練習する場合、最初は速読のつもりで、大意を取るというやり方で読みます。その日の分をひと通り読めたら、その中からきちんと読みたいと思う１パラグラフ～１ページだけは精読し、構文の分析や辞書で単語を引くなどして、かなり深く読み込むというやり方でやってみてください。

「浅く」といっても"のほほん"はダメ

反復練習や深く考える練習は、技術として身につけるために必要な練習です。一方、浅くてもかまわないから、次々と新しいものに挑戦することもまた、英語の劇的な上達には不可欠です。

なぜ必要かというと、その場で瞬時にどうにかして自分の力だけで処理する能力を身につけるためと、現時点でできることを瞬時に正確に使いこなせるようにするためです。

反復練習や深く考える練習は、当然ながら何度も何度も英文を読んだり聞いたりするという前提で行うことになります。時間をかけてでも、何度繰り返してでもかまわないから、ものにするとか理解する、というやり方ですね。

これだと、「１回で完璧に読む」「１回で完璧に聞き取る」という練習にはなりません。「１回で」ちゃんと読んだり聞き取った

りするためには、「何度でも繰り返せばいいや」という考えではなかなかうまくならず、最初から「1回でなんとかしよう」というつもりがないとうまくならないのです。

　ですから**「浅く広く」というのは、「1回しか読めない」「1回しか聞けない」という一発勝負のつもりで、できるだけ幅広くこなそうということです。**決して、のほほんとたくさんやればいいということではありません。全神経を集中して取り組みましょう。

　「狭くても深く」と「浅くても広く」。

　英語の劇的な上達のためには両方が必要なのです。日々の練習に、バランスよく組み込んでください。

3-Stepメソッドで問題集を反復する

教材から100%の効果を引き出すために

　文法・リスニング・リーディングの教材として、問題集に取り組む方も多いと思います。

　ただ、ひと言で問題集を使って練習するといっても、問題集を使う目的はひとつではありません。ここまで述べてきたように、次のような視点で練習する必要があるのです。

① すばやく正確に処理する練習。
② 時間はかかってもかまわないから、自分の力だけで引き出す練習。
③ 辞書や文法書、リスニングのスクリプトなど、何を使ってもかまわないから、正確に理解して答えを出す練習。

しかし、問題をざっと解いて、答え合わせをして次に進む人は、①しかやっていないことになります。かといって、最初からじっくり考えて問題を解くと、すばやく正確に処理する練習ができず、結局、問題集から100%の効果を引き出しているとは言えません。

そこで、おすすめするのは、「3-Step メソッド」です。これは、答えを見る前に同じ問題を上記の3つの方法で解くやり方で、私のレッスンでも取り入れていて、非常に高い効果があります。

同じ問題を3回もやり直すのは手間のかかる作業ですが、文法であれ、リスニングであれ、長文であれ、**問題集は、答えを見る前にどれだけ自分で解こうと粘ったかで効果が変わる**と考えてください。

具体的な練習については、第二部の文法編、リスニング編、リーディング編で解説しますが、大まかな流れを次にまとめました。

激伸び条件5
練習中に深く考えている

Step 1 | 制限時間内に何も見ないで自分の力だけで解く

現時点でできることや、知っていることを瞬時に、そして正確に引き出して使う練習です。

- 文法と長文問題は、制限時間内に解きます。
- リスニングは、聞き返すこともCDを止めることも一切せず、一発勝負で問題を解きます。

この時点では答え合わせをしないでください。ここで答えを見てしまうと、あとの練習の効果が薄れます。また、Step 2とStep 3で充分に考えて反復練習できる時間を確保するために、問題数も少なめにしましょう。なお、答えはステップごとに別々に書いてください。

Step 2 | 時間制限なしで、何も見ないで自分の力だけで解く

Step 1が終わったら、Step 2に入ります。

もう一度同じ問題を解き直して、今度はどれだけ時間をかけてでも、自分の力だけでパーフェクトを目指す練習です。とりあえず頭の中には入っていてもスムーズに使いこなせないものは、自分の力で引き出さないと、使えるようにはなりません。そのための練習です。

- リスニングは、何度も聞き返して、聞き取れない箇所ごと音を覚えます。
- リーディングは何度も読み返して、理解できない文でも推測できるようにします。

■ その日だけで終わらせずに、数日にわたって何度も見直しましょう。

この時点でも答え合わせをしないでください。

Step 3 | 制限時間なしで、答え以外は何を見てもかまわないので、自分で解く

辞書や文法書、リスニングのスクリプトなど、ヒントを参照してもかまいませんので、とにかく自分の力で正答までたどり着く練習です。

自分の力だけで瞬時に正答できるようになる前には、どれだけ時間をかけてもかまわないから、自分の力だけで解く段階が必要です。つまり、どんなヒントをもらってもいいから、答えを教えてもらうことなく自分で正解を出す努力をするのです。この Step 3 が、その練習に当たります。

この時点で全問正解に近くなるようにがんばりましょう。

採点・復習

ステップごとに、別々に採点します。

ステップを追うごとに条件がゆるくなっていきますので、Step 1 よりも Step 2、Step 2 よりも Step 3 のほうが点数がいいはずです。

基本的には、Step 1 が現時点での実力、Step 2 が近い未来に達成できる実力、Step 3 がもう少し遠い未来に達成できる実力だと考えてください。どれくらい遠い未来かは、どれくらいヒントを見たのかによりますが、少なくとも現段階で努力していけば将来に到達できる最高点と考えてください。

激伸び条件6

簡単な項目をおろそかにしていない

ポイント

- [ ] ケアレスミスほど深く反省する
- [ ] 簡単な項目ほど奥が深いと認識する
- [ ] できているという錯覚を持たない

ケアレスミスほど深く反省する

習得プロセスは「しつけ」と同じ

　多くの学習者が、自分で認識している以上に、簡単だと思っている項目につまずいています。このため、自分がすでに知っている、できている、簡単だと思っていることにどう対処するかは、伸びを左右する大きなポイントになります。

　技術の習得は、ある意味では子どものしつけと似ています。

　子どもは何度も同じことで怒られます。でも、同じことで何度も怒られる間も、本人はわかっていないわけでも、怒られたことを完全に忘れてしまっているわけでもありません。いざその場になったときに、しないといけないことに気がついていなかったり、いいつけを守らなくてもいいやと思うから、何度も

同じことで怒られるのです。その状態から、その場で気をつけられるようにするためには、親は何度も何度も同じことを言い続ける必要があるのです。

　文法の習得も、ある意味ではこれと似ています。理解できていないから間違えるというよりも、「わかっているけど気をつけられずにミスをする」とか、「気がつかずに間違える」ということが、ものすごく多いのです。しかもこれは、レベルが上がるほど、その割合が増えていきます。

　すでにわかっていることを、土壇場で気をつけて間違えないようにするためには、間違えるたびに、**どれだけ「次は気をつけよう」と深く思い至れるか**にかかっています。

「間違えない」と心の底から思う

　次の図を見てください。簡単な項目を間違ったとき、どう思うかが描かれていますが、AとBのどちらに当てはまりますか。

激伸び条件6
簡単な項目をおろそかにしていない

自分がわかりきっている簡単な項目を間違った

A:
こんな簡単なことを間違えるのは絶対によくない。簡単な項目でこの有り様では、これ以上難しい項目を使いこなせるわけがない。**二度とこんなミスはしないように気をつけよう。**

B:
こんな些細なミスは、当然頭で理解できている項目。今回たまたまケアレスミスしただけで、できているのも同じ。**そんなことよりも、もっと難しいことを学ばなければならない。**

　この図は極端な例ですが、Aのように考えるのか、Bのように考えるのかでは、簡単な項目を正確に使えるようになるまでの期間が異なるのは当然と言えます。

　Bのような考えだと、自分で簡単だと思っている項目はもう習得した気になっていて、その項目はいわば「眼中にない」のです。ですから、「読む・書く・聞く・話す」の最中に気をつけるくせがなかなか身につきません。

　その結果、いつまでたっても簡単なことで間違うことになります。上級を目指す学習者でも同じです。英文を書いているときに、主語は3人称単数形だとわかっているのに、3単現の-sをつけ忘れることが、じつは結構あるのです。

それでは、簡単な項目を間違えないようにするためにはどうすればよいのでしょうか。それには、やはり**「自分にとって簡単な項目を間違えない」という視野に立ったうえでの練習が必要**です。そして、その第一歩が、「簡単な項目は絶対に間違えない」という心がけであり、間違えたときには「もう、間違えないようにしよう」と心の底から思える姿勢なのです。

習得度は誤答率で決まる

　すべての項目は、理解するとすぐに、「もう間違えない」というレベルになるわけではなく、必ず「頭ではわかってはいるが、ミスしてしまう」という段階をたどります。そして、多くの学習者が感じている「簡単な項目」「自分ではできているつもりの項目」は、この段階にとどまっているものが多いのです。

　理解できなかった難しいことが理解できたからといっても、自由自在に使いこなせるまでにまだかなりの道のりが必要だというのは、誰もが感じることです。

　しかし、簡単だと感じている項目でさえ、じつはその難しい項目より1段階先にいるだけにすぎません。したがって、簡単な項目についても次のステップに進む努力が必要だということです。

激伸び条件6
簡単な項目をおろそかにしていない

第1段階
かろうじて理解しているだけ。自分でも難しいと感じている。
難しい項目

第2段階
頭ではきちんと理解していて、簡単だと思ってはいるが正確性に欠ける。
難しい項目　簡単な項目

第3段階
「読む・書く・聞く・話す」でも間違えない。
簡単な項目

難しい項目を次の段階に持ってくることだけに集中しない。

じつは「簡単だ」と思い込んでいる項目の多くはこの段階。これを完璧に使いこなすという視点も必要。ここの段階にあるものを習得ずみだと思い込まないこと。

　一度、自分が感じている難易度と、自分が間違う率の釣り合いが取れているか確認してください。たとえば、英文を100センテンス書く、または話すとき、関係詞や仮定法など自分が難しいと思っている項目を間違う数と、3単現の-s、冠詞、名詞の数、時制など、自分が簡単だと思っている項目のケアレスミスの数を比較してみましょう。もしかすると、自分が思っているほど、誤答率に差がないかもしれませんよ。それどころか、ケアレスミスの数のほうが多いかもしれません。

　そして、**本当に習得できているかどうかは、自分が思い込んでいる難易度などではなく、実際にどれくらい間違えるのかという誤答率で決まる**のです。

簡単な項目ほど奥が深いと認識する

深く考えても間違えやすい

　一般に、簡単な文法項目は理解するのも使いこなせるようになるのも簡単であり、逆に難しい文法項目は理解するのも使いこなせるようになるのも難しいと信じられているようです。しかし、それは、必ずしも正しいとは限りません。

　難しい文法項目は、「理解するのが難しい」のであって、いったん理解してしまえば、使い方自体はそれほど難しくないことがよくあります。文法書に書いてあることをきちんと理解し、それに従いさえすれば、それほど間違うことがないのです。

　逆に、簡単な項目は、頭で理解するのはそれほど難しくなくても、正確に使うのが至難の業ということが、じつは結構あるのです。

　たとえば、倒置や関係詞、比較、分詞構文といった文法項目は難しいものとして、苦手な方にとっては敬遠されがちです。「ここで英語は挫折した」という方が多い難所で、確かに理解するまではひと苦労です。しかし、いったんきちんと理解してしまえば、そこから間違えなくなるレベルに至るのは、じつは比較的早いと言えます。

　これとは反対に、冠詞や時制、前置詞、名詞の単数・複数、名詞の可算・不可算といった項目は、文法的な理論を理解するのはそれほど難しくありません。ですが、たとえ理解できたとしても、正確に使えるようになるまでには、かなりの修練を要します。上級者でも中学1年生で習う名詞の数や冠詞に悩む方は

激伸び条件6
簡単な項目をおろそかにしていない

多いのです。

簡単な項目というのは、総じて、そのときどきで使い方が異なったり、そのときどきに判断すべきことが多く、しかもその判断が難しいのです。つまり、**簡単な文法項目は、ケアレスミスどころか、相当深く考えても、間違うこともよくある**のです。

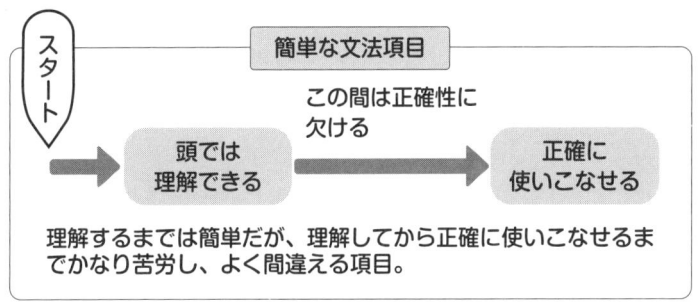

簡単な文法項目

スタート → 頭では理解できる → [この間は正確性に欠ける] → 正確に使いこなせる

理解するまでは簡単だが、理解してから正確に使いこなせるまでかなり苦労し、よく間違える項目。

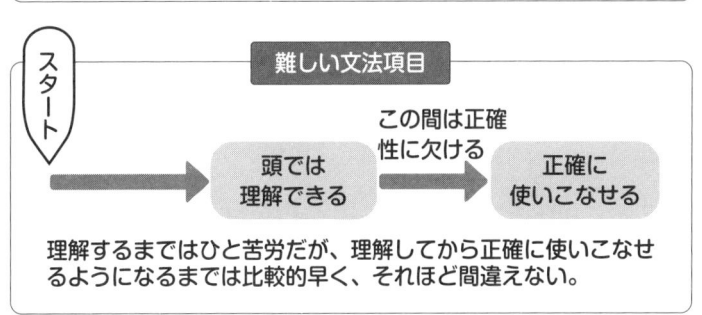

難しい文法項目

スタート → 頭では理解できる → [この間は正確性に欠ける] → 正確に使いこなせる

理解するまではひと苦労だが、理解してから正確に使いこなせるようになるまでは比較的早く、それほど間違えない。

登場頻度が格段に高い

また、簡単な項目に注意しなければならない理由が、もうひとつあります。それはもう単純な話で、簡単な項目のほうが出くわす可能性が高いということです。

倒置や関係詞、分詞構文よりも、時制や、冠詞、単数・複数の使い分けのほうがはるかによく出てきます。倒置など、英文10ページにいくつあるかという頻度でしか出てきませんが、時制は文中の動詞の数だけ出てくるし、冠詞や名詞の単数・複数というのは名詞の数だけ処理しなければなりません。つまり、その分だけ正確に使えないとつらいことになるのです。

　簡単な項目を取り扱ううえで、とくに心にとめておきたいのは、**上級レベルになればなるほど、簡単と思われている項目を間違える、または正しく処理できていない割合が増える**ということです。

　たとえば、「英語学習者が一度は挑戦し、一度は挫折する」と言われる TIME という英文雑誌があります。私はこれを上級者クラスでリーディングの教材に使っています。

　さすがにネイティブ向けに作られた雑誌ということで、TOEIC で 900 点というスコアをとる受講生や英検の1級を取得している受講生でも、かなり読み間違いが起こります。そして、その読み間違いの原因の多くが、簡単な項目を処理していないことにあるのです。

　たとえば、複数形であることに気がつかなかったために、誤解していたとか、時制を考慮に入れていない、前置詞の意味を正しく処理できていないなど。また、名詞に a がついていることにさえ気がつけば、その名詞が思いもよらない意味になると気づいたはず、などです。

　英作文でもそうです。上級者に英文を書いてもらうと、初級・中級の学習者が理解するのが難しいと感じる項目は間違えないのに、冠詞や前置詞、時制の間違いの割合が多くなります。

激伸び条件6
簡単な項目をおろそかにしていない

とはいえ、これは必ずしもケアレスミスではなく、熟慮した末の間違いということも多々あります。たとえば、さんざんthe にするか a にするか悩んだ末に the を選んだら、正解は a だったということがよく起こるのです。

つまり、こういった項目は、習得するまでにはじつは思ったよりもはるかに時間がかかるということですね。

したがって、**簡単な文法項目も奥が深い**ということを認識して、そのつもりで取り組まなければ、いつまでたっても自分が「簡単だ」と思い込んでいる項目に足を引っ張られることになるのです。

難しい内容で練習しなおす

さて、自分にとって簡単だと思える項目を、少しでも正確に使えるようになるために、ぜひやっていただきたいのが、

> 難しい英文で簡単な項目を練習する。

ということです。

簡単な文法項目は、中学1年から順番に学んでいきますが、当然その時点で理解できるレベルの簡単な例文で学びます。たとえば、3人称単数現在形の-s は、

> He play**s** tennis every day. 「彼は毎日テニスをする」
> Mary stud**ies** hard. 「メアリーは一生懸命に勉強する」

といった例文で学ぶのであって、

> The government need**s** to focus on improving the country's economy.
> 「政府は国の経済を改善することに焦点を当てる必要がある」

という例文で学ぶのではありません。

つまり、簡単な文法項目は簡単な例文でしか学んでいないため、**簡単な文法項目を難しい英文で考えたり、気をつけたりする経験が不足している可能性が高い**のです。その結果、Mary studies hard.というレベルの英文なら、「読む・書く・聞く・話す」において動詞を正しく処理できても、それ以上のレベルの英文では、-sをつけ忘れたり、現在形を過去形であると勝手に誤解したりすることも起こりうるのです。

したがって、簡単な項目を「読む・書く・聞く・話す」で使いこなせるように、難しい英文で練習しなおす必要があります。

とは言っても、結局これは、普段の練習のときに、簡単な項目にどれくらい気を遣っているかが決め手となります。

普段から簡単な項目をおろそかにせず、英文を書くときも、聞くときも、読むときも、話すときも気をつけて、間違えたときには「もう絶対に間違えない」と誓っていれば、難しい英文でのケアレスミスが減っていきます。難しい英文のときは難しい項目だけ注目し、簡単な項目をないがしろにしないように英文に接してください。

激伸び条件❻
簡単な項目をおろそかにしていない

◆ できているという錯覚を持たない

「塗りムラ」はないか？

　これはとくに、中級から上級を目指す学習者に見られることです。ある程度のレベルに達すると、「文法もよくわかっているし、単語もそこそこ知っている。英文もそれなりにきちんと読める。リスニングもわりと聞き取れる。でも、いつまでたっても『だいたい』しかできない」という悩みを持つ方がいらっしゃいます。

　確かに、初級を脱出して中級にたどり着くまでは、知らないことやできないことが多いため、自分の弱点を見つけやすく、どこをやればいいかわかりやすいと言えます。そして、その段階では、ある狭い範囲の項目を最上級レベルにまで極めるというよりも、まったくできないことをできるようにする、知らないことを知っているようにするという姿勢で取り組むことになります。

　しかし、レベルが上がるにつれて、知らないことやできないことが少なくなるため、まったく手も足も出ないところが見つけにくくなります。それにつれて、初級レベルの姿勢のままでは取り組みにくくなるのです。

　これはちょうど、真っ白な画用紙に絵の具を浸したスポンジを押しつけて、全面にムラなく色を塗ろうとするのに似ています。

　最初は画用紙は真っ白ですから、どこにスポンジを押しつけても色が塗れます。しかし、だんだん白いところがなくなってくると、まだ塗っていないところを見つけるのに苦労します。

また、「とりあえず白いところを探して塗る」という姿勢では、塗りが薄いところを見逃すことにもつながります。

仮に最上級レベルをムラのない真っ黒■■■とした場合

初級のとき

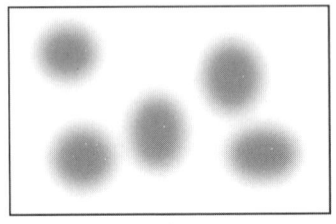

中級から上級のとき

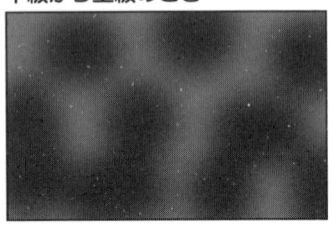

真っ白なところが多いので、何をやっても苦手対策になり、さらに苦手な箇所も目立つため見つけやすい。

「真っ白なところ」を探すのは難しい。ほとんどが塗れているので、「だいたい完成している」と誤解しやすい。しかし、本当の完成は真っ黒にすることであったはず。

そのうちに、塗り方にムラがあるということよりも、全体的な塗り具合に意識が向き、まだ完全には塗り終わっていないのに「だいたい塗り終わった」とか「まあ、こんなものだろう」という気持ちに傾いていくのです。

英語の学習もこれと同じで、学び始めの頃は、知らないことや忘れていたことなど、できないことばかりですから、何をやっても効果が高いということになります。

ところが、中級から上級になるにつれて、「まったく知らない

激伸び条件⑥
簡単な項目をおろそかにしていない

こと」「まったくできないこと」がかなり少なくなってくるため、今までと同じ取り組み方では、自分の欠点がそれほど強く認識できません。なんとなく全部できているような気になるのですね。たとえば、問題集の解説を読んでも、知らないことや理解できないことが少なくなってくるでしょう。

そうすると、書いてあることがわかるだけでできた気がしてしまうのです。その結果、「痒いところに手が届く練習」というか、「苦手なところや練習が必要なところを、本当に高いレベルに持っていく」ことができにくくなるのです。

しかも、心のどこかで「自分はできている」という気持ちがあると、多少間違えたり、理解できていなかったり、うまく使いこなせなかったりしても、それらを「取るに足らないこと」とか、「誰にでもあるケアレスミス」としか感じなくなります。そして、すでに完成していると思い込んでいるのですから、深く取り組む気にならず、その結果、「わりとできているのに、伸びない」という気がしてしまうのです。

目指すゴールから「不足」を探す

そこで、そのようなことにならないようにするために、

- 自分が満たすべき基準を上げる。
- できていないことを拡大して重要視する。

ということを心がけてください。
「これぐらいできていればいいだろう」という基準は、当然な

がら初級・中級レベルと上級レベルでは異なります。たとえば、初級レベルのときには知っているだけでよかったことも、上級では使いこなせる必要があるでしょう。つまり、初級では知っていれば「とりあえず合格」と感じてもいい項目も、上級レベルでは知っているだけでは「まったくできていない」ということになります。

　問題は、**自分のレベルが上がるにつれて、自分が満たすべき基準もちゃんと上げているのか**ということですね。初級時代の合格基準のままでいては、「自分はできている」という認識を持つのも当然です。そして、それ以上深く取り組む姿勢になれないわけですから、伸びないのもやむをえないといえます。

　先ほどのスポンジの絵の話で言えば、真っ白のときには、全体的に薄くてムラがあってもいいから、とにかく塗るという目標で取り組むわけです。ですから、薄いところがあってもかまいません。

　しかし、目指すゴールが「真っ黒に塗ること」であれば、今度は薄いところを探して塗らなければなりません。つまり、**自分が目指すゴールから自分の現状を見て、不足しているところを見つけなければならない**のです。

　自分ができていると感じているわりに、今ひとつ伸びないとか、できがよくないという場合は、この満たすべき基準が低すぎるのではないかと疑ってみてください。

できていないことを拡大視する

　もうひとつ、自分の基準を上げるほかに、大切なことがあり

激伸び条件6
簡単な項目をおろそかにしていない

ます。それは、できていないことを拡大して重要視するということです。

できていることが多くなると、できないことや理解できない項目がだんだん少なくなって、目立たなくなってきます。そのうちに、ちょうど「森を見て木を見ない状態」とでも言うのでしょうか、全体としての英語力を見るようになって、個々の弱点に意識が向かなくなっていきます。

そこで、とくに中級から上級を目指す方が、自分の英語力を把握する場合、**できていることに注目せず、できていないことを拡大視して、その弱点を改善するようにしてください。**

感覚的には次の図のような感じです。

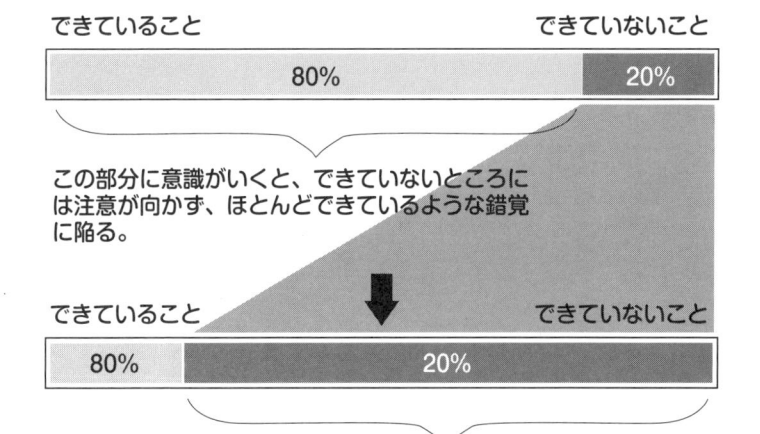

できていること　　　　　　　　　　　　　　　　　　できていないこと

80%	20%

この部分に意識がいくと、できていないところには注意が向かず、ほとんどできているような錯覚に陥る。

⬇

できていること　　　　　　　　　　　　　　　　　　できていないこと

80%	20%

できていないところを拡大視する。簡単な項目でも、間違えたら「できていない」と見なせるかどうかは、重要なポイント。

これは、全体的な英語力だけでなく、日々の練習中でも起こる話です。
　たとえば、20センテンスからなるちょっと難しめの長文を精読したとします。そのうち、19センテンスは理解でき、途中の1センテンスだけが今ひとつわからなかった場合、「19センテンスは完璧だから、まあいいだろう」と取るのか、「その1センテンスは理解できていないのだから、もう少し考えてみよう」と取るのかは、大きな差となりえます。
　いずれにしても、激伸びするためには、自分の弱点を正確に把握し、それを改善するということが必要です。できてもいないところまで、できたと感じてしまうと、その分だけ伸びにくくなります。
　自分のできは厳しめに見てください。

第3章

ネイティブの感覚を養う

第3章では、ネイティブスピーカーの感覚に近づけるように、センスとイメージ力を向上させることを考えていきます。

激伸び条件 7

センスの向上を重要視している

ポイント

- [ ] 英語に対する神経を研ぎ澄ませる
- [ ] 「ナチュラルさ」を意識する
- [ ] 知識とセンスのバランスをとる
- [ ] 疑問を追求しすぎない
- [ ] 無理やり自分なりの結論を出す

◆ 英語に対する神経を研ぎ澄ませる

誰にでも挽回のチャンスがある

　英文を書いているとき、または文法問題を解いているときに、「ここは in かな、それとも on のほうがいいのかな」などと悩むことがあると思います。そして、結局カンで書いたのにそれが正解だったことや、「なんとなくおかしい」と感じて修正してみたら、直して正解だったなど、「ちょっとした冴え」は、誰でも経験があるでしょう。

　このように、自分が知らないことやあいまいなことでも、感覚的に判断して、正解したり、英語らしく使えたりすると、「セ

> 激伸び条件7
> **センスの向上を重要視している**

ンスがある」と言われます。これは、知らないことでも感覚だけで何とか対処できる能力が人間にはあるということなのです。

　激伸びするためにはこれを活用しない手はありません。また、実際に激伸びしていく人は、この感覚が優れている場合が多いのです。
　このように書くと、「自分にはセンスがないからダメだ」と考える人がいますが、そんなことはありません。英語のセンスは、生まれつきの才能ではなく、自分で磨いて研ぎ澄ましていくものです。
　現時点でセンスのある人は、たいていの場合、英語を勉強しているときに、無意識のうちにセンスを磨くようなやり方で取り組んできたのです。
　逆に言えば、今、「自分にはセンスがない」と思っている人は、センスを磨くようなやり方をしていなかっただけですから、挽回するチャンスはいくらでもあるのです。
　「自分には無理」と思わず、まずは「センスを磨いていこう」と決意してください。

記憶にばかり頼らない

　それでは、どのようにセンスを磨いていくか、です。
　まず最初に大切なことは、**知識に頼り切るのではなく、感覚も駆使して英語に取り組む**という姿勢です。
　次の図を見てください。

記憶の中にある知識

「知っている」という感覚がある。頭ばかり使って英語を処理しようとすると、この部分しか使えないので不利。

無意識の中に残っている情報、潜在的な知識

「知っている」とか「わかっている」という感覚はない。感覚的に英語を処理しようとすると、この部分も使うことになる。そして、こちらのほうが圧倒的に量が多い。ただし、全体的にあやふや。

この部分をどれだけうまく使えるかがポイント

　人間の頭の中にあるのは、自分が理解し、記憶している知識だけではありません。潜在的な知識というか、これまで何度も英語に触れることによって、頭の片隅や心のどこかに無意識のうちに残っているものもたくさんあるのです。

　これらは、あくまで無意識の中にありますから、自分では「覚えている」とか「理解している」「知っている」という意識はありません。ですから、自分の記憶にある知識を引っ張り出して「思い出そう」としても、この無意識の中にあるものはなかなか活用できません。

　しかし、直感や感覚を使って英文に触れれば、この無意識の中にあるものを活性化させて、正しいほうを英文としてスムーズに感じたり、間違ったほうに違和感を感じたりすることがあ

激伸び条件7
センスの向上を重要視している

るのです。

具体例を考えてみましょう。

> I'm good ___ drawing.　「私は絵を描くのが得意である」

この英文で、good のあとに入るのが、on だったか at だったか、それとも with や about だったかがあやふやだったとしてください。

そのときに、記憶にばかり頼っていると、思い出そうとするばかりでどうしようもありません。思い出せなければ終わりです。また、文の意味や前置詞の意味から論理的に考え出そうとしても、自分の思ってもみないような前置詞が使われているかもしれません。

そこで、感覚的にどちらが語呂がいいか、口に出して感じ取ろうとしてみるのです。

"be good at 〜" というのはよく使われる表現ですから、仮に自分では覚えた記憶がないとしても、どこかで見たり聞いたりしていると思います。それを、口に出すことによって照合し、感じ取るわけです。

ただし、学習者はネイティブスピーカーではないので、正しいほうがものすごく正しい気がして、おかしいほうがやたらおかしい感じがするわけではありません。かなり微妙な差です。それを、**神経を研ぎ澄ませて自分で感じ取ろうとする**のです。

五感をフル稼働させる

　また、感覚だけではなく、いわゆる五感すべてをフル稼働させてください。「覚える」という行動は、頭を使って記憶に残すことだと考えている学習者が多いようですが、「耳」「口」「目」「指」が覚えていることも多いのです。

　先ほどの be good at を何度も発音して覚えた方は、たとえ忘れても、be good on と口に出してみると違和感を感じたり、何度も書いて覚えた方は、good on と書くと、目と指に違和感を感じたりすることもあるのです。

　これは、知らない単語でも同じです。「知らない」というのは、記憶の中にないだけで、実際には見かけたことがあるかもしれません。ですから、自分が知らないと思った単語でも、たとえば、「いい意味っぽい」か「悪い意味っぽい」かなど、何かしら感じ取ろうとすることが大切です。

　文法についても、同じように感覚を使ってください。例として、時制を考えてみましょう。

　「今朝、朝食をたくさん食べたけど、私はすでにおなかが減ってしまっている」という文を書こうとして、時制に悩んだとしてください。どちらを選びますか。

I had a big breakfast this morning, but I ＿＿＿ already hungry.
（A）am　　（B）have been

激伸び条件7
センスの向上を重要視している

　正解は（A）ですが、あまりに知識に頼ると、alreadyは「完了形と使う」という思い込みや、「すでに」という日本語に引きずられて、have beenを選びがちです。しかし、実際に"I'm already hungry."というのは、記憶になくても聞いた経験があるかもしれません。また、まったく同一の文でなくても、"I'm already tired."など、I'm＋alreadyというコンビネーションを見たり、聞いたりしたことがあるかもしれません。

　ですから、もし（B）が答えだと思っても、（A）を入れて何度かブツブツ口に出してみて、滑らかに読めるかどうか、英文として「しっくり」くるかどうかを感じ取ろうとする必要があるのです。

感覚で何とかしてしまう

　単語・文法問題や、英作文などは「正しい」かどうかの判断を、ついつい知識だけに頼りがちです。しかし、このように、「語呂がいい」とか「しっくりくる」といった、感覚的な判断も必要なのです。

　ですから、記憶と知識だけに頼らず、知らないことが出てきても、感覚で何とかしてしまおうという心構えを持ってください。

　もろちん、感覚的に判断したら、それが間違いだったということも多々起こります。しかし、そうやって感覚を駆使してカンで判断するたびに、自分のセンスが少しずつ磨かれ、だんだんと当たる確率が高くなっていきます。そうなれば、知らないことでもうまく処理できることが増え、うまい文がポロッと書けたり言えたりして、「センスあるね」と言われることになるの

です。

　また、当てずっぽうに見えても、コインの裏表で答えを決めているわけではありません。中学生のときからずっと英語を学んできて、無意識の中にため込んだものを使おうとしているわけです。

　このように、**無意識の中に大量に残っているものを使おうとするかどうかが、センスを向上させるカギ**です。

　まじめな方の中には、カンで判断することに抵抗がある方もいるようです。しかし、それでは感覚的に英語を処理する練習がその分だけできないことになり、結局はセンスを向上させにくくなります。ぜひ前向きに取り組んでください。

　また、「センスを磨く」と聞くと、どうしても腰が引け気味になり、「まずは、頭できちんと理解してから」とか「上級者になってから」などと考える方がいます。とくに、英語を勉学の１科目として考えている方に多いようです。

　しかし、それはセンスよりも知識を重要視していることにほかなりません。知識とセンスは英語を激伸びさせるための両輪であり、どちらが欠けても劇的に伸びるということにはなりません。

　今日から早速、知識に偏ることなく感覚的に「しっくりくるかどうか」「語呂がいいかどうか」も感じ取るように心がけましょう。

激伸び条件7
センスの向上を重要視している

◆ 「ナチュラルさ」を意識する

口ずさみながら感じる

　センスを向上させるために、もうひとつ大切なことがあります。それは、英文がナチュラルかどうかを考えるということです。

　自分の英文をネイティブスピーカーに添削してもらったことのある人なら、「文法的には正しいのかもしれないが、こんなふうには言わない」と言われたことや、自分ではどう見ても「正しい」と思う英文を大幅に修正された経験があるのではないでしょうか。

　これは、「文法的に正しければ、自動的にナチュラルな英文になるわけではない」ということを示しています。つまり、文法的な正しさを追い求めても、ネイティブ的なきれいな英文を書けるとは限らないということです。

　そこで、文法的な正しさだけではなく、**普段からナチュラルかどうかを考える**ことが必要になるのです。

　やり方自体はとても簡単です。自分の書いた英文をチェックするとき、英文を口ずさむか、頭の中で読み上げるだけです。そして、その音の流れを感じ取り、その流れをスムーズに感じるかどうかで決めるのです。

　たとえば、日本語で考えてみましょう。自分が書いた文章を推敲しているとき、無意識のうちに口ずさんで確認していることがありませんか。

　次の問題を考えてみてください。

> Q　どちらが日本語としてよい文でしょうか。
> （A）私は足早に歩きながら、携帯電話で彼と話をした。
> （B）足早に歩きながら、私は彼と携帯電話で話をした。

　この問題を考えているときのことを思い出してください。いかがでしょうか。実際に口に出したかどうかはともかく、選択肢のそれぞれを、ブツブツつぶやいたり、頭の中で読み上げませんでしたか。そして、どちらが「しっくりくる」のかを感じようとしませんでしたか。

　これと同じことを英文でもやる必要があるのです。これは、文法的に正しいかどうかとはまったく別の話です。とにかく口に出してみて、音の流れがスムーズかどうか、心のどこかで違和感を感じているところがないかどうか、読んでいるときに流れるように読めず、目が止まってしまうようなところがないかどうかなどを、感じ取ろうとしてください。

　ナチュラルさというのは、結局、「こんな内容なら、こんな単語を使って、だいたいこんな書き方になる」という、文の作り方の習慣のようなものです。つまり、ネイティブスピーカーが無意識のうちに持つ暗黙のルール、または許容できる範疇です。

　その範疇から出てしまうと不自然な英文になるのですが、これはもう、頭で考えるだけでは到底追いつかず、感覚的につかんでいくしかないのです。

激伸び条件7
センスの向上を重要視している

結果より場数

　これは、書くときと話すときにだけ役立つわけではありません。

　英文としてのありようというか、ネイティブスピーカーが作る英文の流れというものが感覚的につかめれば、当然ながらリーディングやリスニングのときにも、流れにのって英文を読めたり聞けたりします。そして、その分だけ、すばやく正確に英文を処理できるようになるのです。

　結局は、ナチュラルさを向上させると、「読む・書く・聞く・話す」のいずれにも役に立つのです。

　気をつけたいのは、たとえ文法的に間違った文であれ、文法的には完璧だがナチュラルではない文であれ、どちらにしてもネイティブスピーカーにとっては「おかしい」ことには変わりなく、そこには差がないということです。

　これは、外国人による日本語の文を考えてみればわかると思います。たとえば、外国人から受け取った日本語の手紙が、意味は理解できるものの、文としてはきわめて不自然であると想像してみてください。そのとき私たちは、この文が「日本語の文法が間違っているから不自然に見える」のか、「文法的には問題がないが、単にナチュラルではないから不自然に感じる」のかを、いちいち区別をしながら読むでしょうか。

　おそらく、そんな区別をつけようとも思わないでしょう。単にその日本語を読んで、相手の日本語能力に対するイメージが心の中にできるだけです。

　これと同じように、たとえ文法的に正しい英文を作ることにばかり集中しても、ナチュラルな文を作れない場合は、結局は

「おかしい」と思われるのです。そうならないためにも、文法的に正しいかどうかだけではなく、ナチュラルかどうかも感じながら英文を書く必要があるのです。

ただし、結果は気にしないでください。ナチュラルだと思った箇所が訂正されたり、日本語っぽいと思いつつ書いたところが英語でもそのように言うことは、多々あります。結果にこだわらず、**たくさん場数を踏むことで、少しずつ磨いていく**つもりで取り組みましょう。

大切なのは、センスを磨こうという心がけです。

◆ 知識とセンスのバランスをとる

右脳と左脳をフル活用

センスを使うことが重要だという話をしましたが、もちろん、それだけでよいわけではありません。

知識とセンスは偏りすぎず、バランスがとれている状態を目指してください。

自分の知識や記憶、学習してきたことを思い出しながら英語を処理することと、感覚的に英語を処理することは、激伸びするための両翼を担うもので、どちらが欠けてもうまくいきません。この2つはお互いに補完し合い、そしてチェック合うものなのです。

世間では「右脳と左脳」とよく言われます。おもに、論理は左脳、感情や感覚は右脳が担うということのようです。これが科

激伸び条件7
センスの向上を重要視している

　学的に正しいかどうかは別として、この右脳・左脳という考え方から言うと、両方ともにフル活用しなければならないということです。どちらの働きが欠けても、劇的な伸びは難しくなります。

　理論的に英語を学習することは重要です。文法を理解しなければ正しい文が作れないし、正しく意味が取れないからです。また、第2章で書いたとおり、技術として身につけるためには、最初に頭でわかっていたほうが、わからないままガムシャラにやるよりもうまくいきます。

　しかし、理論的に英語を学習するという気持ちが強すぎると、その分だけ感覚がおざなりになり、その結果、ナチュラルではない英文を作り続ける、カンが当たらない、できないことや知らないことでも「なんとかなる」ということが少なかったりするようになります。

　また、何でもかんでも頭で理解しようという気持ちが強すぎると、「理解できないこと」が処分保留となって、結局、理解できるまでは使えないということになりますし、英文の分析や文法的な理解に目が向きすぎると、書き手の心情に気がつきにくく、行間が読めずに微妙なニュアンスを感じ取るのが苦手になることも起こりえます。

カンで正答にたどり着く

　さらに、すべての項目やルールを頭に入れるのは不可能、ということを忘れないでください。英語には、文法書や辞書には載らないような、「こうあるべき」「こうあるべきではない」とい

ういわゆる暗黙の了解というべき項目が、それこそ無限にあります。文法上は問題がないがネイティブならこう言うとか、この単語とこの単語は一緒には使わない、といったことです。

これらのことをすべて覚えることは不可能ですし、単に丸暗記したところで使いこなせません。こういったことは、感覚的につかんでいくしかないのです。

また、実際に、英語の感覚を磨いている方は、論理的に理解していなくても、正しい英文、ナチュラルな英文が作れることが多いのです。

たとえば、次の例を見てください。

The man ＿＿＿＿＿ dinner at 8 o'clock last night.
（A）eat　　（B）eats　（C）ate　（D）will eat

この問題の答えは（C）ですね。last night があるので、過去形が必要だとわかります。

ところが、この手の問題を感覚重視型の受講生に解いてもらって、正解の理由を聞くと、たとえば「dinner だから」とか「at 8 だから」など、微妙にピントのずれた答えが返ってくることがあるのです。

これは極端な例ですが、感覚的に英語を習得する方は、このように正答までの途中経過がめちゃくちゃでも、正しい結論にたどり着くということがよくあります。単に直感で正しい答えにたどり着いただけで、適当な理由をつけたということもあるでしょう。

激伸び条件7
センスの向上を重要視している

　でも、自分自身には途中経過がブラックボックス状態で、なぜそうなるのかが今ひとつピンときていないけれども、不思議なことに答えだけは当たっているのです。

カンばかりでも伸び悩む

　わかっていなくても答えが当たるというのは、学習者にとっては相当にうらやましい話です。

　しかし、だからといって、感覚を磨きさえすればよいわけではありません。感覚的に習得しようという姿勢が強すぎると、何もかもが「だいたいこんな感じ」とか「なんかこれっぽい」という判断基準で英語に接することになります。しかも、一般的な学習者よりも的中率が高いというだけであって、100％カンで当たるというわけではありません。

　たとえば、普通の人がカンで当たる確率を10％とするなら、センスがある人は30％とか40％というだけで、やっぱり間違うことも多いのです。そして、自分にとって難しい項目や、あまりなじみのない項目、新たにこれから習得すべきことは、感覚だけで理解するのはかなり難しくなります。

　英語圏に住んで、圧倒的な量の英語に触れるのであれば、感覚だけでネイティブ並みの英語力を得やすいでしょう。とくに感覚を磨いてきた方はものすごく伸びやすいはずです。ちょうど子どもが英語を習得するのと同じような学び方です。

　しかし、そのためには日本に住んで普通の生活をしている限りとうてい望めない圧倒的な英語量が必要です。そして、それをカバーするためには、どうしても理論的に取り組む必要があ

るのです。

使ってこなかった脳を鍛える

　興味深いことに、今までの私の受講生の様子を見ると、研究職・技術職系など、理系の方は左脳型というか、論理的に英語に取り組んで、「ちゃんと頭で理解したい」「知識を取り入れたい」という欲求が強い方が多いようです。また、それ以外の方でも、学校の教科として学んだ経験からか、頭で理解し覚えることに重点を置いて勉強する方が多いようです。

　逆に、芸術系の方は右脳型と言うか、感覚的に英語をこなし、直感に優れている方が多いように見受けられます。

　先ほども書いたとおり、理想なのは右脳・左脳の両方をフルに活用することです。したがって、いわゆる左脳型の方は右脳も、右脳型の方は左脳も使うことが必要です。

　まずは自分がどちらのタイプなのかを自己分析して、自分の得意なほうを生かしたまま、苦手なほうを訓練してください。**知識・ロジック型の方は、それを生かしながらもう少し感覚的に英語に取り組もうとし、感覚・直感型の方は、それを生かしつつ、もう少し論理的に学んだり、きちんと暗記しようと心がけるのです。**

　どちらのタイプでも、今までそれほど使ってこなかった頭の部分を使おうとしているわけです。いわば、使ったことのない筋肉を使うようなもので、苦痛に感じるかもしれません。

　しかし、激伸びするためには、このバランスがとれていないと難しいので、ぜひ前向きに取り組んでください。

激伸び条件7
センスの向上を重要視している

疑問を追求しすぎない

疑問は弱点克服のチャンスだが…

英語を勉強していると、「どうしてこうなるのだろう」という疑問がわくことがあると思います。たとえば、英文を読んでいるときに、自分で学習した文法とは異なる書き方がなされているときや、英文訳や問題の解説がとうてい理解できないときなどです。

そんなときには、**疑問を追求するということと、訳や解説をそのまま受け入れるということのバランスをとる**ようにしてください。

英字新聞や洋書を読んでいるときには、英文自体の説明があるわけではありませんし、たとえ英語教材を使っているときでも、学習者個人の必要に合わせて解説してあるわけではありません。ですから、説明してほしいところの説明がないこともあるでしょう。

しかし、自分で疑問に思ったところは、自分が処理できないという証拠であり、それを知らせてくれるサインですから、これを見逃さずに自分で調べ、考えることは非常に大切です。そうすることによって、自分の弱点を解消したり、次に同じような項目が出てきたときに、うまく対処できるようになるからです。

ただし、その度が過ぎ、「なんとしても理解しなければならない」という意識があまりにも強すぎると、かえって逆効果です。

英語は、文法や語法など、そのすべてが解き明かされたわけではありません。そして、ネイティブスピーカーのすべてが文

法書や辞書どおりの英語を話しているわけではありません。「これはこれでOK」ということも多々ありますし、言葉は日々変わっていきます。10年前にはあまり使われなかった表現や「不自然」と思われた言い方でも、今では許容されることもあります。

また、英語は世界の至る所で話されている言語です。イギリス、アメリカ、オーストラリア、ニュージーランド、カナダといった英語を母国語としている主要な国を挙げただけで、これらの国が世界中に散らばっていることがわかります。

日本の方言を見てください。日本語を勉強している外国人から見ると、標準語と大阪弁と九州弁は、ほとんど別の言語に思えるくらいです。こんな小さな日本でも方言の違いがあるわけですから、海に隔てられ、しかもネイティブスピーカーとノンネイティブスピーカーを合わせると膨大な数の人間によって話されている英語が、全地球上で均一であるはずがありません。

このために、ネイティブスピーカーでも人によって正解が異なるとか、調べても調べても誰も答えられない、「そうだからそうなのだ」「そうじゃないからそうじゃないのだ」としか言えない項目があります。そして、それらはむしろ、理解できなくても、「これはこういうものだ」とそのまま受け入れたほうがよい項目と言えます。

深追いすると英語感覚が育たないが…

授業の一教科としての英語、そして試験における英語では、つねにYes/No、正答/誤答しかないかもしれません。しかし、

激伸び条件7
センスの向上を重要視している

コミュニケーションの手段としての英語は、必ずしも二者択一では割り切れません。論理的な説明がつかないことや、説明しようとすると大変なこともあるのです。

あまりにも、「疑問を解決しよう」とか「頭できちんと理解しよう」という気持ちが強すぎると、深追いして時間がかかってしまいます。そのうえ、必ずしも疑問が氷解するわけではありませんから、結局納得がいかないまま放置することにもなるでしょう。

そして、論理的に理解して納得したいと思い詰めた項目ほど、「理解できるまでは保留」ということになりやすく、結果的に、自分の中に取り込むことを拒絶してしまうことにつながります。そうすると、「頭で理解できないものは使えない」ということになり、英語の感覚が育たないことになってしまうのです。ですから、ある程度考えて納得できないものは、「分からないけど使ってみよう」と考えてください。

ただし、「あるがままを受け入れる」という気持ちが強すぎてもいけません。ろくに考えないうちに、何でもかんでも、「こういうもんだ」ということにしていると、「なぜ」という気持ちが起こりにくくなったり、疑問に感じることすら起こらなくなったりします。

文法や語法などは、テキストから知識を入れるだけではなく、自分が疑問に思ったことを、深く考えることによって、身につく度合いが強くなります。「なぜだろう」と思わない人や、疑問に思っても「まあ、いいや」とすぐに思ってしまう人は、このチャンスを逃すことになるのです。

無理やり自分なりの結論を出す

手に負えなくても答えをひねり出す

　たとえば、英文を読んだり聞いたりして、どうしても理解できない文があったとき。英文を書いていて、どうやって書けばいいのかわからないとか、どの書き方がベストなのかがわからないとき。文法問題をやっていて、どの選択肢が当てはまるのかいくら考えてもわからないとき。

　このように、自分の手に負えないことに遭遇した時には、答えを見る前に自分の結論を出すことが、センスを伸ばすうえでとても役に立ちます。

　そんな「自分の手に負えない」ときでも、正解を見たり人に聞いたりする前に、必ず自分なりの結論をひねり出してください。

　自分の結論を出すことが、なぜセンスの向上につながるかというと、わからないものに結論をくだすためには、知識だけでは足りないので、感覚や「カン」を使うことになるからです。

　ときどき、無理やり答えをひねり出すことに抵抗があって、頭から「わからないからわからないのに、答えを出すのは無理」と、考えることすら拒否する人を見かけます。しかし、これは記憶の中に答えがない、または知識から引き出せないことを確認しているだけで、感覚を使って自分でひねり出そうという気がないことを示唆しています。

　無理やりにでも自分で結論を出すことが重要なのです。

激伸び条件7
センスの向上を重要視している

切羽詰まると感覚が研ぎ澄まされる

　海外に留学したり、赴任したりすると、短期間で英語がものすごく伸びますね。これは単に英語に触れる量が圧倒的に増えるということだけが原因ではありません。現地に住んで英語だけで生きている場合、「わからないままではすまされない」「その場で正確に理解しなければならない」という事情があるからです。

　たとえば、現地で銀行に手続きに行ったところを想像してみてください。その手続きを行員に英語で説明してもらったり、英文で書かれた申請書を読まなければならず、しかも閉店前で自分のうしろには長い列ができているところを考えてみてください。

　たとえ、英語が苦手だろうと、自分がその場でその手続きを完了しなければならない以上、どんな手段を使っても理解しなければならないのです。最終的に確信が持てなくても、自分で「たぶん、こういうことだと思う」と結論づけて、それに基づいて行動しなくてはなりません。

　そのときには、頭が猛烈に回転するだけではなく、自分の感覚も研ぎ澄まされていくわけです。誤解して間違うかもしれませんが、**その時点で無理やりにでも結論を出すこと自体が、近い将来の自分の英語力を上げてくれる**のです。

　ぜひ前向きに取り組んでください。

激伸び条件 8

感情移入とイメージを活用している

ポイント

- [ ] イメージと印象を持つ
- [ ] 臨場感を持って感情移入する
- [ ] 語学上の理解に終始しない

▶ イメージと印象を持つ

イメージは理解度のバロメーター

ネイティブの感覚を養うための、もうひとつの重要なポイントはイメージ化です。

英文を理解しようとするときには、その英文を文字のまま頭に放置せず、動画や写真などのイメージや、または印象に昇華させるようにしてください。

たとえば、

> He was studying hard last Friday.

という英文が出てきたとします。そのとき、単語の意味がわ

激伸び条件8
感情移入とイメージを活用している

かるとか、「彼は先週の金曜日にがんばって勉強していた」という日本語訳が出せる、というだけではなく、実際にイメージや印象として、その内容が頭に入っていることが大切です。

イメージや印象を持てるかどうかは、理解度のバロメーターになります。たとえ、簡単な文であっても、何のイメージもわかず、その内容に関してこれといった印象がないものは、英文の語学上の処理に終始して、本当の理解には至っていない可能性があります。

イメージや印象を持つためには、単語の意味の確認や、英文の分析だけをしていればいいわけではありません。「だからどんな感じがするのか」まで自発的に思い描く必要があるのです。

とくに、難しい文は、難しい単語や文法、複雑な構造など英文の分析に注意が向きすぎて、正しい日本語訳が出せるくらいに理解しても、その内容を覚えていなかったり、何が書いてあったのかを答えられないことがよく起こります。

そうならないためにも、**英文を文字のまま放置しないように**してください。

もちろん、私たちは画家ではありませんから、何もかもすべてをクリアな動画や絵にすることはできません。そもそも、形のないものや抽象的な概念は「絵」にするのは難しいでしょう。しかし、そんなときも、「印象」というのがあるはずです。

たとえば、日本語で「月曜日」と「金曜日」という同じ「曜日を表す語」でも、それぞれ印象が異なると思いませんか。週末が休日という方なら、月曜日は少し気が重いという印象かもしれませんし、金曜日は少しほっとする日かもしれません。「月曜日」と聞いたときと「金曜日」と聞いたときでは、単に週の最初

の日と5日目という違いだけではなく、その言葉が持つ印象自体が異なるはずです。

それと同じ印象の違いを、MondayとFridayという語を読んだときや聞いたときにも、感じる必要があるのです。くれぐれも、MondayもFridayもSundayも単なる曜日として同列に扱わないようにしてください。

ケアレスミスはイメージ化不足

イメージ化は、文法事項を正確に処理するためにも絶対必要です。

その最たるものが、名詞の数でしょう。a treeなら木を1本、treesなら木を2本以上頭に描く必要があります。

a tree   trees

名詞の単数・複数形は中学1年生で習うこともあり、文法項目としては基本的なこととして認知されています。したがって、たとえ間違ったとしても、「ケアレスミス」として考えられがちですが、**実際は、このイメージ化ができていない可能性が**

激伸び条件8
感情移入とイメージを活用している

あるのです。

　日本語では、英語ほど名詞の数が厳格ではありませんから、それに引きずられて数を認識しないと、a tree でも trees でも、漠然と「木」を思い描くだけで終わってしまいます。そして、数のイメージができていないのは、ケアレスミスというにはあまりにも深刻な問題となりうるのです。

　性別もそうです。イメージさえできていれば、間違えることがなくなるはずです。たとえば、

> My dentist is always friendly to her patients.
> 「私のかかりつけの歯医者はいつも自分の患者に親しげである」

という英文に出会ったときには、"her" から、女性の歯医者をイメージする必要があります。そうすれば、歯医者を男性だと思い込んで "Oh, what's his name?" などと聞くこともないはずです。my dentist から勝手に男性だと思い込んだ方は、her を正しくイメージしようとしなかったということです。

　she や he などの代名詞は、どの学習者にとっても「簡単である」という意識が強いために、「あ、この単語は知っている」とばかりに、正しく処理もせずさっさと次の単語に意識が移ってしまいがちです。こういった間違いをする方は、イメージ化がきちんとできているかどうかを確認してみてください。

　また、イメージ化は、もう少し抽象的な内容の文法項目でも同じように大切です。たとえば時制なら、現在進行形を聞いたときには、「その時点で、行っている最中である」というイメー

ジや印象、現在形なら「習慣的に行っている」というような印象というか「感じ」を思い出せるようにする必要があります。

現在進行形が本当に処理できているかどうかは、「行」「っ」「て」「い」「る」「最」「中」「で」「あ」「る」という文字上の訳がつけられるかどうかではありません。be＋ing形が認識できた瞬間に、その形が表している内容を、イメージや印象にまで昇華させなければならないのです。

認識からイメージへの転化

気をつけていただきたいのは、英文中に出てきた単語も文法も、「知っている」と認識するだけでは本当の理解には達しないということです。とくに簡単な単語や文法項目は、読んだ瞬間、聞いた瞬間に、「知っている→もうきちんと処理できている」という錯覚に陥りがちです。そのため、イメージ化もせず印象も感じようとしないために、比較的低い理解度のまま放置されてしまいます。

とくに、学問のひとつのように英語を勉強している方にとっては、この「イメージ」「印象」「感じ」という概念に抵抗があるかもしれません。しかし、英語はコミュニケーションの手段ですから、話し手や書き手の伝えたいことを正確に受け止め、自分の伝えたいことを正確に伝達する必要があります。

「to＋動詞の原形だから、to不定詞だ」と、数学の公式のように文法を認識して終わりにするのではなく、その伝達する内容を、「イメージ」「印象」「感じ」に転化させなければなりません。

もちろん、最初からうまくできるわけではありません。英文

激伸び条件⑧
感情移入とイメージを活用している

を誤解して間違ったイメージを頭に描いたり、話し手・書き手の意図とは異なる印象を持ったりすることもあるでしょう。

最初のうちはそれでも気にしないでください。まったく何の印象もイメージもわかないより、はるかに進歩した状態です。英文が正しく分析できて意味が理解できるから、自動的に印象やイメージを持てるのではなく、印象やイメージを持とうとするからできるのですから。

くれぐれも**文字と理論の処理だけで終わらず、実際に感じるように努めてください**。それができるかどうかは日々の心がけ次第です。

▶ 臨場感を持って感情移入する

必死になれば限界を超える

英語の練習中は、感受性をフルに発揮して、臨場感を持ち、感情移入することも大切です。つまり、**自分がその場にいるというイメージで、自分のことのように感じながら練習する**のです。

リスニングの練習のときには、ネイティブスピーカーと話をしているところをイメージします。すべての英文は自分に向かって話されていて、次に自分が意見や感想を求められるというシチュエーションを想定して聞いてください。読む練習のときには、すべて自分あてのメールのつもりで読んでください。

臨場感を持ち、感情移入することがなぜ役に立つかというと、いわば疑似体験をしている状態になるからです。

たとえば、単語ひとつとっても、単語集で覚えた単語よりも、実際に使って覚えた単語のほうが頭に残ります。留学生の英語がものすごいスピードで伸びていくのも、単に英語に触れる時間が増えるだけではなく、英語で生きていくのが、すべて「必死の実体験」であり、強烈な印象として体にしみ込むのが大きな原因のひとつです。必死であるほど、実力以上の能力を発揮しやすいのです。

　また、臨場感もなく感情移入もしていないと、英文の表面的な分析や語学上の理解に終始してしまいがちです。たとえば、単語の意味を思い出したり、文の構造を考えたり、意味を考えたりするだけで、「自分のこと」のように頭には入ってこないため、共感しにくくなります。その結果、浅い理解に終わってしまうのです。

　そこで、普段の生活の中でひとりで勉強するときにも、できる限り実体験をしているような状況を想定し、疑似体験として同じくらい必死になれるようにしてください。つまり、**当事者として英文に接する**ということです。そうすれば、吸収力も上がりますし、覚えるのも早くなります。

　とくに、教材を使っているとどうしても自分とは関係のない話のように感じて、切迫感もプレッシャーもないため、集中していても必死にはなれず、実力の範囲内で処理してしまいがちです。しかし、すべての英文は自分に向けられている、または、自分とかかわりのある英文として読んで聞いてください。

　必死になればなるほど、自分の限界を超えやすくなるのですから。

激伸び条件⑧
感情移入とイメージを活用している

自分なりのリアクションを返す

　同時に、どんな英文でも自分なりの印象や感想、意見を持つように心がけましょう。
　たとえば、

I think the government should spend more money on education.

　　　　　　　　　government「政府」　　education「教育」

という文を読んだときに、何かを感じ、意見を持てますか。
　例文は「政府は教育にもっとお金を費やすべきだ」という日本語に訳せますが、この日本語の文を、友人でも同僚でも家族でも、誰かが自分に向かって、「オレはさ、政府は教育にもっとお金を使うべきだと思うんだ」みたいな感じで、実際に言ったところを想像してください。
　そのとき、「ああ、私もそう思う」とか「いや、景気が悪いから無理じゃない？」など、何らかの感想や意見が口をつき、リアクションを返せるはずです。これを英語でもできるぐらいまで、深く英文を処理しようということです。
　英文を読んでいると、ともすれば、英語のことばかり考えてしまいがちですが、何の意見も感想も感情もわき起こらないというのはいけません。どんな英文でも、腹が立ったり、なるほどと納得したり、自分とは違う意見だと感じたりと、同じ内容の日本文と同じ反応ができる必要があるのです。
　自分なりの印象や感想、意見がなかったり、反応ができない

場合は、たとえ単語の意味がわかって、文の構造や文法もわかって、完璧な日本語訳が出せたとしても、やっぱりわかっていないことに変わりありません。語学上の理解と、内容上の理解を混同しないように気をつけましょう。

以上をまとめると、次のようになります。

> その英文に対し、
> - 自分の言葉、自分に向けられた言葉として考える。
> - 意見と感想を持つことができる。
> - リアクションが返せる。
> - 当事者意識を強く持ち、自分とは無関係な出来事のように扱わない。

これらの項目は、激伸びする人はできている度合いが高いのです。もちろん、いつも100%できているということではなく、気をつけている度合いが高いという程度ですが、これが継続していくと相当な差につながります。少しずつでも、自発的に心がけるように努めてください。

◆ 語学上の理解に終始しない

真の「内容理解度」をチェック

とくに英文を読むときや、文法問題を解くときには、英語の

激伸び条件8
感情移入とイメージを活用している

文法や構文、単語の意味などさまざまなことを考えると思います。しかし、**英語のことばかり考えて、それ以外のことが目に入らなくなることのないように注意してください。**

　詳しく説明する前に、本当に英語が理解できているかどうかを測る実験をしてみましょう。これから、短い英文をひとつ読んでいただきます。その文には1カ所だけ誤りがあります。その箇所を適切なものに直してください。英文は文末まできちんと読んで、できれば5秒ぐらいで答えてください。

　では、どうぞ。

London are the capital of the United States.

capital「首都」

　いかがでしたか。問われている文法項目はbe動詞の活用ですから、それほど難しくなかったと思います。

　さて、問題はどう直すのか、です。じつはこの問題は、どう答えるかではなく、読んでいる最中にどう感じるかで、本当に理解しているかどうかがわかります。

　もしかして、areをisに直しませんでしたか。おそらく、そうした方は多いのだろうと思います。しかし、areをisに直してしまうと、英文としては正しくなるものの、「ロンドンはアメリカ合衆国の首都です」という意味になりますね。でも、ロンドンはイギリスの首都であって、アメリカの首都ではないですよね。ということは、isn'tという答えの方がよくありませんか。

　実際は、「ロンドンはアメリカの首都だ」と書き手が書きたかったのであれば、たとえそれが事実とは違っても、isで正解

です。したがって are を is に直すこと自体は問題ありません。

　ただ、もしこの文を読んで、「あれっ？」と感じず、単に「London は 3 人称単数だから、be 動詞は is にしなきゃ」としか考えずに is に直したのなら要注意です。文末まで読んで、意味もわかっているはずなのに、その内容が頭の芯まで来ていないということになります。

人生を背負って内容を理解する

　英文を読むときに、英語のことばかり考えるのがなぜよくないかというと、自分の常識や経験を使って英文を処理できないからです。英文を理解するというのは、文法や単語といった語学上の理解を指すのではなく、書かれている内容を理解することです。

　そのためには、英語以外の知識や経験を踏まえて、いわば自分の人生を背負って英文を処理する必要があるのです。しかし、語学上の理解に注意が向きすぎると、今まで培ってきた知識と経験を、内容を理解する助けにすることができなくなるのです。

　もうひとつ違う例文を見てみましょう。

> Tom is planning to go to London to study English next year.

　この例文を読んで、よく内容を考えてみてください。訳は「トムは来年英語を勉強するためにロンドンに行くことを計画

激伸び条件8
感情移入とイメージを活用している

している」となるのですが、何か「おやっ？」と思うことはありませんか。

　気がついていただきたいのが Tom が何者かということです。もし、"go to London to study English" を、語学留学のような意味で理解したのなら、この Tom は英語のネイティブスピーカーではない可能性が高いことになります。逆に、もしこの Tom をネイティブスピーカーというイメージでとらえているのなら、ロンドンに英語を勉強しに行くのは語学留学ではなく、専門的な英語学の研究といった意味であるはずです。

　しかし、もしこの英文を読んだときに、Tom をなんとなくアメリカ人とかイギリス人といった、英語のネイティブスピーカーのように感じていて、さらに、"go to London to study English" をなんとなく、語学学校へ英語を学びに行くというイメージを持ったのなら、このセンテンスは、ネイティブスピーカーが語学学校に母国語を習いに行くという、きわめて特殊な意味になります。

　もちろん、この文だけでは書き手が何を書きたかったのかは確定できませんので、その可能性もあります。が、問題は、読んでいるときに、これらのことに気がついて「おやっ？」と思ったかということです。

　もし、この Tom について上記のようなことを何も感じなかったのなら、完全に理解できているとは言い切れません。

　たとえば、日本語で次のように書かれていればどうでしょう。何を言っているのかその内容をよく考えてみてください。

> 例1．来年、トムは東京に日本語を勉強しに行く計画をしている。
> 例2．来年、健一は東京に日本語を勉強しに行く計画をしている。

いかがでしょうか。

この2つの例文は、トムと健一という名前を入れ替えただけですが、例1はすぐに理解できても、例2は、一瞬「どういう意味だろう」と感じませんでしたか。日本人が日本語を勉強しに東京に行くとはどういうことかと悩んで、もしかしたら日本語学を学ぶのかとか、それとも外国人に日本語を教える教師になるために学ぶのかとか、「健一」は日本語が母国語ではないのかなど、さまざまな推測が頭をよぎったことだと思います。つまり、例1と例2を名前が変わっただけなどという扱いにはしていないのですね。

語学上の理解を越えて

英文を読むときも、これと同じことができることが大切です。長文を読むとき、名前や地名といった固有名詞をしっかり読み込んでいますか。

最初は難しいかもしれませんが、直接述べられていない背景まで推測できるくらいに英文を理解しようと心がければ、少しずつできるようになります。しかし、それには単語の意味や文法といった語学上の理解で満足せず、英語以外のことにも気を

激伸び条件8
感情移入とイメージを活用している

つかうようにしなければならないのです。

　じつは、これらの問題は受講生によくやってもらうのですが、ここまで説明してきた、センスや感情移入、イメージや印象、そして当事者意識といったことに意識が向いている学習者は、読んだ瞬間に「あれっ？」という顔をします。

　これは現時点での英語の能力に関係がありません。初級の方でも「意味がおかしい」と気がつく方もいるのです。

　もちろん、激伸びするためにはさまざまな条件を満たす必要がありますから、これができたから激伸びするとか、できなかったから激伸びしないということにはなりません。

　ただ、もしこの問題を読んだときに「あれっ？」と思わなかった方は、もしかすると、そういう傾向があるのではないかという認識は持ち、これから改善するように努めてください。

激伸び条件 9

言語力と一般常識がある

ポイント
- [ ] 日本語力も鍛える
- [ ] 英語のまま理解する
- [ ] 一般常識も身につける

日本語力も鍛える

日本語は知識力より言語能力

　英語力を伸ばすというと、英語の知識と技術などの語学力だけに目が向きがちです。しかしじつは、英語力を向上させるためには、日本語力も非常に重要です。

　ここでいう日本語力とは、漢字や四字熟語や慣用表現などの知識的なものというより、むしろ、どれくらい日本語を深く理解できるかという言語能力のことです。

　日本語と英語はまったく異なる言語ですけれども、「言葉を使って、相手の伝えたいことを理解する、または自分の伝えたいことを伝達する」という点では変わりありません。

　日本語は母国語ですから、言葉自体の処理は頭が自動でやっ

激伸び条件9
言語力と一般常識がある

てくれます。しかし、英語の場合はまず言語自体を意識的に処理しなければなりません。とはいえ、このことが違うだけで、結局は言葉を使って意思疎通を図るということにおいては日本語も英語も変わりないのです。

そして、当たり前のことですが、外国語である英語の理解力が、母国語の日本語を超えることは、よほどのことがない限りないでしょう。つまり、**母国語をその深さでしか理解できない人は、英語もその程度以下しか理解できない**ということになります。

小学校の国語のテストで、童話を読まされて「主人公の気持ちを30字以内で述べよ」とか、中学校や高校の現代国語の試験で「下線の『これ』は何を指すのか具体的に書け」というような問題を解いた記憶があると思います。このような国語の問題が今も苦手だと思われる方は、英語でその問題が解けるほど深く読むのはかなり難しいと思われます。

今の例で考えると、英語で童話を読んでも主人公の気持ちがわからないとか、英文中の this とか that が何を指すのかわからず、誤解して読みかねないということです。それは、たとえ英文中の単語も文法もわかって、きれいな日本語に訳せたところで、理解できているということにはなりません。英文の分析ができて、正しく訳せるぐらいで内容を問う問題が解けるなら、日本人は国語の文章題は全員満点のはずだからです。

そして、もし主人公の気持ちがわからないなら、行間を読むというか、裏に隠された感情や意味も取れていないかもしれません。

それは、童話でなくても、メールや手紙などでも同じです。

皮肉が書かれているのにほめ言葉と受け取ったりしてしまったら、たとえ英文が分析できて訳せるくらい理解できても、あまり意味がないですし、それを「理解できた」と思うのはまずいですよね。したがって、言語力はどうしても必要になるのです。

日本語の理解力が重要

日本語力を磨く必要があるもうひとつの理由は、日本語での理解力の重要性にかかわっています。たいていの場合、**学習者は日本語を通して英語を勉強する**からです。

上級者でない限り、文法書は日本語で書かれているものを読むはずです。単語集も日本語訳がついているものを使うでしょう。そのときに、その日本語をどれくらい深く理解できるかということは、大きな伸びの差につながるのも当然です。

文法書の内容を理解するには、その説明をどれだけ深く理解できるかにかかっています。

たとえば、哲学の本を想像してみてください。苦手な方にとっては、たとえ初心者向けであってもこういった本は難しいものです。しかしながら、書いてある日本語自体が難しいから理解できないというわけではありません。これらの本が難しいのは、日本語のせいではなく、そこに提示されている概念が難しいからです。

要は、その概念を理解する日本語力があるかが問われているのです。つまり、自分にとって理解するのが難しいようなことや、初めて聞くことを、「日本語でどれくらい深く理解できるか」ということも、英語力の向上に大きくかかわっているのです。

激伸び条件9
言語力と一般常識がある

著者の意図も感じ取る

　また、単語集や英和辞典を読む場合に、単語訳や定義を理解できるかどうかも、日本語力にかかっています。これは、単語訳自体が難しい場合だけでなく、複数の意味を持ちうる場合もそうです。

　たとえば、ある単語の訳が「〜のために」とあった場合のことを考えてみましょう。この「ため」を、利益と取り「家族のために」といった使い方になるのか、それとも、理由と取って「風邪のために仕事を休む」といった使い方をするのだと理解するのか。両者の認識は大きく違います。

　問題は、この「〜のために」という訳や例文と例文訳を読んで、著者や辞書編纂者(へんさんしゃ)が意図する意味はどれなのかを敏感に感じ取れるかということです。

　中学・高校で国語が苦手だった方、または、今現在で日本語力(漢字やことわざ表現などの「知識」はのぞく)に自信がない方は、**普段から新聞の社説や小説などを読んで、言葉を処理するための言語力それ自体も鍛えておく必要があります。**日本語で理解できないものは英語でも理解できないわけですから。

英語のまま理解する

日本語訳グセをやめる

英文を理解するときに、日本語に訳してから意味を考える方を見かけます。確かに、日本語に訳して考えると、英文をきちんと読んで理解した気がするので、ついついやってしまうのかもしれません。

しかし、このやり方は多くの弊害を伴い、伸びを阻害する可能性が高いのでおすすめしません。

最初は日本語に訳したほうが理解しやすく感じるかもしれませんが、**できる限り日本語を頭から追い出して、英語を英語のまま理解する**ように努めてください。

では、なぜ日本語訳にして理解することが、英語の伸びを阻害するのか、その理由をまとめてみました。

理由 1 理解するのが遅くなる

英語 → 日本語 → 理解

英語 → 理解

上記の図を見ればわかるように、英語をいったん日本語にしてから理解するやり方では、1ステップ余分に作業しなければなりません。その分だけ理解するのが遅くなります。1センテンスだけなら、さほどの差は出ないでしょうが、長文になると、相当に遅くなります。また、リスニングの場合は、訳している

激伸び条件9
言語力と一般常識がある

ヒマはありません。

　また、日本語に訳すやり方は、英語を直接理解するのとは根本的に処理の仕方が異なります。そのため、長く練習している間に英語だけで理解できるようになる、ということにはなかなかなりません。

　いったん日本語に訳して理解するクセがつくと、いつまでたっても日本語から抜けられないことになってしまいます。

理由 2 英語のことを考えなくなる

　日本語を通して理解しようとすると、日本語に直した時点で、英語の役目は終わってしまい、元の英語のことを考えなくなってしまう弊害もあります。

　たとえば、次の例を見てください。

> When he got home from work, his sons and daughter were already doing their homework.

これは、

> 「彼が仕事から家に帰ったとき、彼の息子と娘たちはすでに宿題をやっていた」

と訳せますね。それでは、改めてこの日本語訳だけを見てください。描写されている内容がどんなものか想像がつきますか。

　もし、彼が帰宅したときに息子と娘たちが宿題をし終えていた、と理解していれば、間違いです。英文では、were doing と

過去進行形が使われているのですから、「やっている最中だった」ということです。

また、「息子と娘たち」は実際には「2人以上の息子と1人の娘」であるということがわかっていなければなりません。sonsが複数形で、daughter が単数形だからです。

しかし、たとえ、このような思い違いをしても、日本語訳に頼っている限り気がつきません。日本語訳自体は正確だからです。

つまり、**日本語訳から理解しようとすると、正しく訳していても間違える危険がある**のです。

次の図を見てください。

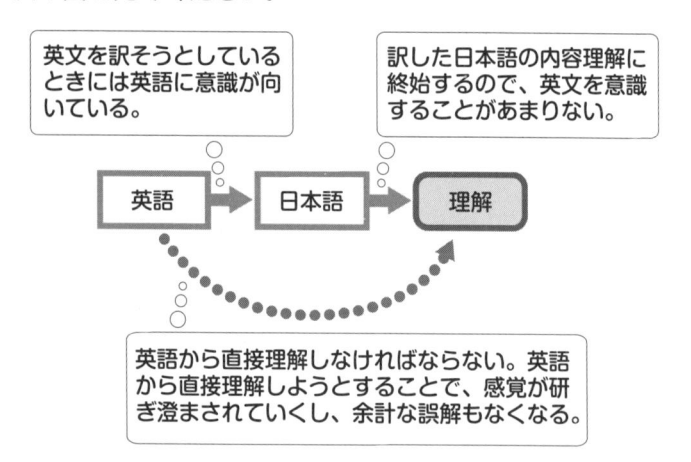

```
英文を訳そうとしている          訳した日本語の内容理解に
ときには英語に意識が向          終始するので、英文を意識
いている。                      することがあまりない。

    英語  →  日本語  →  理解

英語から直接理解しなければならない。英語
から直接理解しようとすることで、感覚が研
ぎ澄まされていくし、余計な誤解もなくなる。
```

日本語を通して理解しようとすると、日本語訳にするまでは英文に注意を払っているものの、日本語訳にしたときから英語のことを考えなくなります。正しく訳している以上、自分にとっては、「英文の意味」＝「日本語訳」という関係が成り立ち、

激伸び条件9
言語力と一般常識がある

それだったら、わかりやすい日本語で考えようじゃないか、ということになるからです。

もし、どうしても日本語に訳すのであれば、日本語に訳してから理解するのではなく、英語を読んでそのまま理解し、「ついでに」日本語に訳してみるという心構えでやってください。

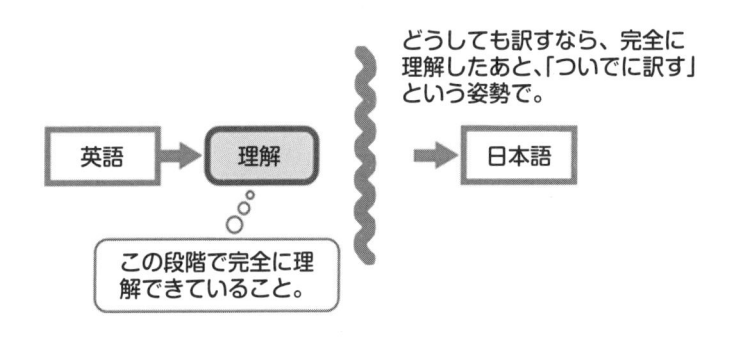

```
                        どうしても訳すなら、完全に
                        理解したあと、「ついでに訳す」
                        という姿勢で。
英語  →  理解   →  日本語
         ↓
   この段階で完全に理
   解できていること。
```

つまり、日本語に訳すかどうかと英文が理解できるかどうかを、無関係なものにするということです。ただし、実際は、これができるようになれば、日本語に訳す気すら起こらないでしょう。英文で理解できるのに、わざわざ日本語にする必要がないからです。

逆に言えば、「日本語にしたい」という気があるのは、理解する一助にしたいという心の表れです。まずは、「日本語に訳したい」という気持ちを押さえ込むことから始めてください。

理由 3　長文についていけなくなる

　日本語と英語では、語順がほとんど逆と言っていいほど異なります。したがって、英文をきれいな日本語に訳したい場合は、主語を訳したあと、いちばんうしろに飛んで、そこから順番に前に戻りながら訳せばいいことになります。

　たとえば、次の例を見てください。

Ken enjoyed playing tennis with Mary after breakfast.
「ケンは朝食のあと、メアリーとテニスをして楽しんだ」

　この英文は、Ken を訳したあと、文末の breakfast から1語ずつ前に戻りながら訳していけば、きれいな日本語になります。

Ken enjoyed playing tennis with Mary after breakfast.
ケンは　楽しんだ　することを　テニスを　と　メアリー　あと　朝食

　英文を日本語に訳して考えるとき、英語の語順どおりに日本語に訳していくだけでは到底理解できない日本語ができあがるのですから、多かれ少なかれ戻りながら訳しているはずです。それは、ものすごく時間のロスになりますし、長文にはついていけなくなってしまいます。

　ですから、無理にでも英語のまま前から理解するというやり方にする必要があるのです。

激伸び条件9
言語力と一般常識がある

理由 4 訳しただけで安心してしまう

　リーディングの練習をしているときに、単語の意味がわかって、文法や構造がつかめて、日本語に訳そうと思ったら訳せるという見通しがたった時点で、安心してしまう方がいます。しかし、**訳せることと理解することは別**です。

　英文を訳すというのは、それぞれの単語の意味を知っていて、文法・構文がつかめた時点でできることです。逆に言えば、内容がそれほど深く理解できていなくても、単に日本語に変換することは可能なのです。

　たとえば、経済や物理学の本の1文を訳すとき、知らない単語があれば辞書を引けばわかります。難しい英文だからといって難しい文法・構文ばかりが使われているわけではありませんから、単に訳すだけならそこまで難しいということはありません。ただし、内容の理解となると、こういった分野が苦手な方には難しいでしょう。つまり、訳せたからといって、理解できているわけではないのです。

　機械的に訳すことは、いわば文法と語彙の練習です。リーディングやリスニングの練習はそこから始まるのです。そこから、その英文を使って書き手や話し手が何を言おうとしているのか、その意図や、話の流れ、感情、意見を考えるのが本当の「読む・聞く」の練習なのです。

　これはちょうど、英文のジョークの「おち」を考えるようなものです。たとえば、いくら使われている単語や文法がきちんと理解できて、正確な日本語に訳せたとしても、「何がおもしろいのか」がわからなければ、理解できたとは言えませんね。

　これと同じように、どんな英文でも相手の意図や感情なども

くみ取らなければならないのですが、訳してしまうと、訳しただけでわかった気になってしまうのです。

　このように、日本語に訳して理解することには多くの弊害があります。
　ただし、英語のまま理解しようとするのは、やろうと思っても今すぐできるわけではありません。とくに日本語に訳して理解するのがクセになっている方にとっては、かなり難しく感じると思います。
　それは、それで結構です。クセを直すというのは、英語に限らず急にできることではありません。しかし、すぐに直らないからといって、直そうとしなければいつまでたっても直りません。なかば無理やりやる必要があるのです。そして、そのうちに慣れていきます。
　ですから、できるかどうかにこだわらず、少しでも日本語に訳さないで理解できるように、そのまま英語を受け入れるつもりで英文を処理してください。数ヵ月後には日本語に訳さないようになっている、ということを目指しましょう。

激伸び条件9
言語力と一般常識がある

❯ 一般常識も身につける

大事なのは「コンテナ」の中身

　英語を理解するためには、英語ができるだけではダメで、その内容が理解できる知識が必要です。

　リーディングやリスニングの練習をしていると、英語さえ完璧にできれば、書かれている内容や聞こえてくる内容を自動的に理解できると思い込んでしまう学習者もいるようです。しかし、たとえば経済の苦手な方が経済に関する新聞記事を日本語で読んでも、今ひとつ理解できないということもありますね。

　とすると、たとえばTIME誌を読みたい人が、その日本語訳を読んでも理解できない場合、英語で読んでも理解できないのは当然と言えます。母国語でも自分の苦手な分野の話にはついていけないのですから、いくら英語力が上がったところで、英文でその内容についていけるようにはなりません。

　つまり、英語とは別に、そういった知識も身につける必要があるのです。

　言葉というのは、言いたいことがあってそれを伝えるための「コンテナ」の役割を果たすだけです。そのコンテナだけを豪華にするような練習さえすればいいわけではありません。英語のレベルが上がるにつれて、コンテナの中身、つまり伝達する内容のレベルも上がるのです。

　「昨日トムは8時に起きて、朝ご飯を食べました」という内容

の文を、難しい単語と難しい文法を使って書いたり読んだりするばかりではないということです。

常識力が英語力を高める

　これは単語ひとつとってもそうです。いくら難しい単語が暗記できて、日本語訳が瞬時に言えるといっても、その日本語訳の意味がわかっていなければどうしようもありません。

　たとえば、ratify は「批准する」という意味で、単語集や英字新聞などに出てくる単語ですが、問題は ratify＝「批准する」と覚えたところで、この「批准する」という日本語の意味がわからなければ、覚えても意味がないということです。

　そこで、まずは、**何を理解できるようになりたいのかを考えてください**。TIME や Newsweek といった英文雑誌を理解したい、または教材として使いたいのであれば、その日本語版を買うなり、または似たような内容の日本語の雑誌を購入して、それが理解できるかどうかを確認してください。

　もし、理解できないようであれば、まずはついていけるだけの知識を蓄える必要があります。また、英字新聞が読めるようになりたいのなら、その前に、日本語の新聞記事についていけなくてはなりません。

　逆に知識があれば、自分の実力以上の英文が読めることになります。

激伸び条件9
言語力と一般常識がある

　以前、リーディングがとても苦手な医大生を教えたことがあったのですが、彼は長文問題はいつも読むのが遅くて、問題も半分程度しか正解できませんでした。しかし、医学に関する長文だけはものすごいスピードで読み、しかも問題も全問正解でした。

　これは極端な例ですが、**どんな話でもある程度はついていけるようにしておけば、その分だけ理解度が高くなる**のです。

激伸び条件 10

雑草のようなしぶとい英語力を目指している

ポイント

- [ ] 生の英語で練習する
- [ ] 悪条件で英語を聞く
- [ ] いろいろなアクセントを聞く

◆ 生の英語で練習する

温室育ちの英語力？

　日本で英語の勉強をしていると、どうしても市販の教材に頼りがちです。教材での練習は大切なのですが、市販の教材は完璧な条件で作られていることは理解しておいてください。

　たとえば、著者が執筆してから教材が出版される前に、何度も校正者による英文校正が行われるので、掲載されているのはミスのない、非常にきれいな英文です。しかも、あくまでも「教科書」的な英語が使われていて、必ずしも普段の生活で実際に使われている英語とは限りません。

　また、リスニング教材の場合は、ナレーターが詰まったりつかえたりせずに英文を読み上げます。背景も無音で、複数の人

激伸び条件10
雑草のようなしぶとい英語力を目指している

間が同時に話すことなく、ひとりが話し出したら、その人が話し終わるまでほかの人は口を挟みません。しかも、ナレーターはアナウンサー並みに滑舌がよく、発音がきれいです。

このような、不自然なくらいに美しく正しい英文にばかり接していると、いわば温室育ちのようなもろい英語力しかつきません。そして、そういった「完璧な」発音や英文にしかついていけないことになりかねません。

そこで、**学習者用テキストを使うだけではなく、生の英語に触れることにも挑戦してください**。

普段着の英語に触れる

生の英語といってもいろいろありますが、まずは学習者向け教材ではないものに挑戦してみましょう。

リスニングの場合は、ネイティブ同士の会話を聞いたり、映画や海外ドラマ、ラジオ番組を聞いてください。ニュース番組の場合は、キャスターが原稿を読んでいるところだけではなく、**キャスター同士のちょっとしたおしゃべりや、街角での一般人インタビューなどが、よい練習素材**となります。

リーディングも同じです。学習者向けに書かれた教科書・問題集も大切ですけれども、同時に、ネイティブ向けの読み物、たとえば新聞・雑誌・漫画などにも挑戦しましょう。

また、**個人で開設しているウェブサイトや、掲示板、ブログ**なども生の英語に触れるという点では、おすすめです。

個人のウェブサイトや掲示板、ブログに書かれた英語の教材としての利点のひとつに、必ずしもパーフェクトな英語ではな

いということがあります。こういったいわば未加工・未精製の、普段着の英語に触れることで、受け入れられる英語の幅が広がるのです。

あまりに完璧なものに慣れるあまりに、実生活や書籍、映画などについていけないなど、結局不便なことにならないようにしましょう。

ネイティブならではの間違いに学ぶ

誤字・脱字を含む非標準的な書き方に接するというのは、抵抗があるかもしれませんが、じつは文脈から意味を推測し、文法を深く考える練習になるので、その練習台としては悪くありません。

たとえば、次の例文を見てください。2つとも実際にネイティブスピーカーが書いた英文ですが、意味がわかりますか。

---

1. It may be a little stress full do have a meeting on Friday.
2. I should of told you.

本当ならば、

1. It may be a little stressful to have a meeting on Friday.
「金曜日にミーティングをするのは少しストレスかもしれない」

2. I should have told you.

　　　　　　　「あなたに言っておくべきだった」

　となるべきです。1.は、stress full ではなく、stressful「ストレスの多い」、do ではなく、to 不定詞の to になる必要があります。2.は of ではなく have ですね。

　これらの書き方は、日本人なら考えられないような間違いで、むしろネイティブスピーカーのほうがやりがちと言えます。音が同じか、または非常に似ているからです。

　ネイティブスピーカーは文字と音のリンクが強いので、書くときにも音を意識しています。そのために、**音が同じであれば、誤字や非標準的な書き方をすることもある**のです。

　日本人は、文字を中心に英語を学んでいますから、どうしても見た目重視というか、文字と音がリンクしにくいので、例のような英文を自分で書くことがなく、そのために先ほどの例文を見ると、「どんな初心者が書いたのか」と、ものすごくおかしく感じられるかもしれません。

　つまり、こうした間違いは、ネイティブならではなのです。1.は完全な誤字ですが、2.の should of、または類似の must of（must have）、could of（could have）などは、ネイティブスピーカーの間でわりと見かける書き方で、なかには、「これはこれで OK」と感じる人もいるぐらいです。

　日本語でも、「やむを得ず」を「やむおえず」と書いたり、メールなどで漢字の誤変換に気づかなかったりと、似たようなミスをしていませんか。これらはすべて、音が原因となっているのです。

文字以外から情報をつかむ

また、編集ミスによる誤字・脱字もよく見かけます。次の例を見てください。

> I visited the bookshop to with my friends last Sunday.
> 「私は先週の日曜日に友人たちと本屋を訪れた」

このセンテンスの to は不要で、あるとおかしいですね。こういった間違いは、紙に英文を書いたときよりも、インターネット上のサイトやメールなど、英文がパソコン上で入力された場合によく起こります。

たとえば、この to の理由はこうです。「最初にセンテンスを書くときには、"to buy a magazine"としていたのに、あとからこの部分をまるごと削除するつもりが、"buy a magazine"だけ消して、to を削除しそびれた」。つまり、キーボードやマウスの操作ミスによって生じた場合が考えられます。

このようにパーフェクトではない英文だからといって、理解できなくていいわけではありません。日本語でも、誤字や誤変換のあるメールを受け取ることがあると思いますが、意味は取れるはずです。それは、音や文脈など、見た目以外からも情報をつかんでいるからです。

英語でも不完全な文を読もうとするたびに、**文章の流れから意味を推測しようとしたり、文法的に考えたりする**ことになり、結果としてそれが練習となるのです。

激伸び条件10
雑草のようなしぶとい英語力を目指している

悪条件で英語を聞く

音以外の情報もフル活用する

　リスニングの練習をするとき、静かな部屋で、ボリュームのつまみをミリ単位で調節して、最も聞きやすい音量にして、しかもヘッドフォンなどを使って外部の音を遮断するなど「完璧な環境」で練習している方が多いと思います。

　これはこれで重要な練習です。しかし、このやり方ばかりやっていると、完璧な環境でしかリスニングができなかったり、ちょっとでも物音がしたら、そこからガタガタになってしまうなど、やはりガラス細工のようなもろいリスニング力しかつきません。

　そこで、**ベストな環境で聞く練習のほかに、うるさいところで聞く練習も行ってください。**

　実際に英語を話すときには、シーンと静まり返ったところでだけ話すわけではないと思います。電車の中や雑踏、電話、混雑した喫茶店などでも英語を聞き取れるようにしておきましょう。また、映画やドラマでも、背景にさまざまな音が入っているはずです。

　悪条件で行うリスニング練習の効用は、音自体が聞き取れないことがあるため、イントネーションや話の流れなど、音以外の情報もフル活用することにあります。

　日本語なら、電車の中で話をしているとき、急にガタンと音がしてもなんとかなることが多いと思いますし、携帯電話で話しているときに単語の途中にブツッという音が入っても文脈や

イントネーションから自動的に推測し音を補って、相手の言うことを理解していると思います。これを英語でもできるようにしようというのが趣旨です。

心の余裕を養う

この練習は、TOEICや英検など資格試験を受ける方にとっても重要です。

試験会場は静まり返っているものの、実際には、鉛筆で書く音や、いすの「ギシッ」と鳴る音、せき払いなど、完全な無音ではなく、わりと気になる物音がします。しかし、この練習をしておけば、ちょっとした音でリスニングがガタガタになるということが少なくなります。

これは、揺るがないリスニング力が身につくというだけではありません。リスニング試験中は、少し物音がするとそれだけで焦ってしまうものですが、「自分はもっとうるさいところで練習してきた」という心の余裕があれば、その分だけ焦ることが少なくなるでしょう。

リスニングの練習中は、聞き取れる量を増やしたいという気持ちが強いために、理解できる量が減るような聞き方や素材は使いたくない心理が働くものです。ですから、このような練習は敬遠されがちです。しかしながら、自分が受け入れられる幅を広げるために、ぜひ前向きに取り組んでください。

激伸び条件10
雑草のようなしぶとい英語力を目指している

いろいろなアクセントを聞く

苦手なアクセントほど多く聞く

　英語は国際語と言われるだけに、さまざまな国の人が話す言語です。そのために、いろいろなアクセントを聞くことは、とても重要です。

　いろいろなアクセントを聞く効用のひとつは、さまざまな英語に慣れることです。

　ネイティブの英語だけを考えても、アメリカ英語、イギリス英語、オーストラリア英語など、さまざまなアクセントがあります。「アメリカ英語はなんとか聞けるけど、イギリス英語はさっぱりダメだ」と、聞き取りやすさが違うことがあると思います。ですから、普段からいろいろな英語を聞く必要があるのです。

　リスニング練習では、苦手なアクセントを聞くというのは苦痛かもしれません。しかし、**結局どの英語が聞きやすいかは、どれくらい多様な英語を聞いてきたかという経験値で決まります**。苦手なものがあれば、それを積極的に聞きましょう。

ノンネイティブの英語も聞く

　これは、ネイティブによる英語に限った話ではありません。たとえばフランス人の英語や中国人の英語、ドイツ人の英語など、ノンネイティブが話している英語に関してもそうです。

　海外旅行したときには、現地の言語が話せなければ、最終的には英語に頼ることになるでしょう。ですから、相手がどこの

国の人でも結局は英語で会話する可能性が高いですし、たとえ英語圏であっても、移民や外国人居住者が多ければ、ノンネイティブと英語を話す機会は非常に多くなるのです。

　また、映画でも、登場人物が英語圏以外の俳優であることもあれば、英語圏の俳優だけれども、役柄でわざわざフランス語なまりの英語を使っていることもあるでしょう。

　そんなときにも「ネイティブの英語しか聞き取れない」というのは不便です。つまり、ノンネイティブの英語を避けるというのは、非実用的であるといっても過言ではないくらいです。

　ノンネイティブの英語を聞くというと、アクセントがうつると心配する人がたまにいます。しかし、その心配には及びません。人間の耳はそこまでよいわけではないのです。

　心配な方は、自分がこれまでどれだけの「ネイティブの英語」を聞いてきたかを考えてみてください。ネイティブの英語を聞いて、自分の発音がどれだけネイティブに近づいたでしょうか。よほど発音が得意という方でない限り、聞いてきたわりには、自分の発音にたいした影響がないと思いませんか。ですから、あまり気にせず、どんな英語でもついていけるように練習しましょう。

　また、いろいろなアクセントを聞くということには、もうひとつの効用があります。それは、聞き取れる範囲が広がるということです。

　英語の発音には、方言や個人差によって揺れがあります。**さまざまなアクセントを聞いていれば、それだけ大きな揺れを吸収できる**のです。

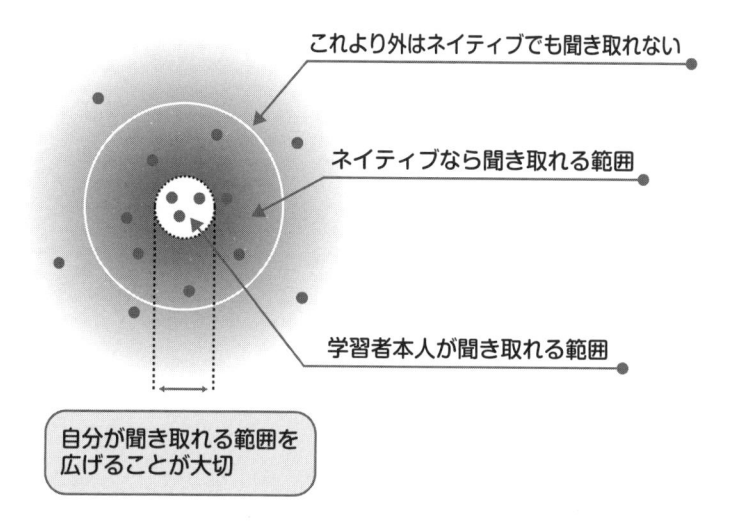

激伸び条件10
雑草のようなしぶとい英語力を目指している

これより外はネイティブでも聞き取れない

ネイティブなら聞き取れる範囲

学習者本人が聞き取れる範囲

自分が聞き取れる範囲を
広げることが大切

　日本語で考えても、同じ方言を話す人でも、自分にとって聞き取りやすい人と聞き取りにくい人がいると思います。英語でも同じで、聞き取りにくい発音の人でも聞き取れるようにしておかなければなりません。そのためにも、さまざまな発音を聞くことが大切なのです。

第二部
実践編

第二部では、激伸びの条件を満たしながら練習するためにどうすればいいか、その具体的な段取りを、ボキャブラリー、文法、リスニング、リーディング、スピーキング、ライティングに分けて解説していきます。特に、頭の中で何をすべきか、に注意してください。

ボキャブラリー激伸びのコツ

🔸 五感をフルに使って覚える

「単語をなかなか覚えられない」と悩んでいる学習者は多いのではないでしょうか。たとえ覚えられても、ものすごく時間がかかってしまえば大変な労力でしょう。

そういう方にまずチェックしていただきたいのは、「自分の五感を使って覚えようとしているか」ということです。

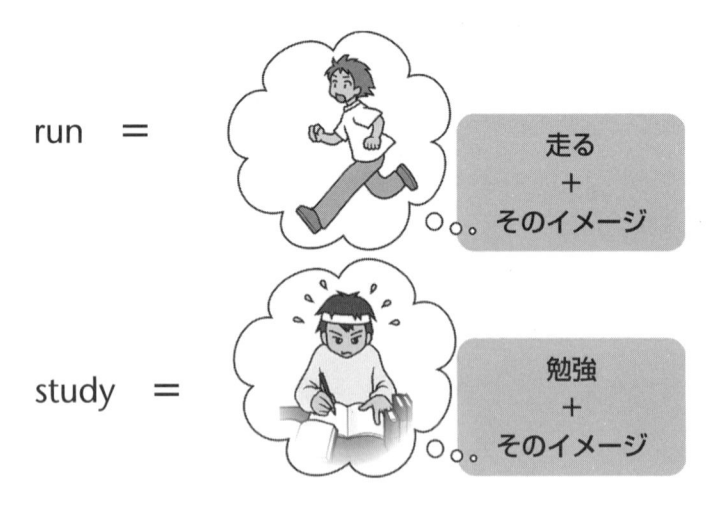

run = 走る + そのイメージ

study = 勉強 + そのイメージ

単語の暗記というのは前の図のように、英単語と日本語やその単語が表す概念・イメージをリンクさせるのと似た作業です。そして、それをすばやく効率的に行うためには、脳にたくさん

の刺激を送る必要があるのです。

そこで、脳に送る刺激を増やすために、自分の五感をフル活用してください。つまり、単語を覚えるときには、

- 目で見る
- 声に出して発音する
- 耳で聞く
- 何度も書く
- 実際に使ってみる

ということを心がけるのです。こうすれば、ひとつの単語につき、異なる種類の刺激が大量に脳に送り込まれますので、早く覚えられます。

単語がなかなか覚えられないと、暗記が得意な人と自分を比べて、「自分が暗記できないのは記憶力が原因」と考えたり、「年齢による記憶力の低下のせいだ」と考えたりするかもしれません。しかし、えてして単語の暗記が苦手な人は、**暗記の仕方がよくないことが多い**のです。

中学・高校生の頃を思い出してみてください。単語を覚えるときには、何度も発音したり書いたりしませんでしたか。とくに、日本語から英語に直す単語テストでは、スペルまで覚えたはずです。

ところが、今の暗記の仕方はどうでしょう。意味を覚えることばかりに意識が向いて、目で読むのと同じくらい発音したり、書いたり、スペルまで覚えようとはしていない、または、その量

が中学・高校生のときよりも少ないのではないでしょうか。

　単語の暗記は、さまざまな刺激を脳に送ったほうが早く覚えられます。

　30分を暗記に使うなら、30分間、目だけでじーっと見るだけで覚えようとするよりも、30分間何度も聞いたり書いたりしたほうがより確実に覚えられると思いませんか。

単語を書くのは覚えるためでもあるのです。効率よく単語を覚えるために、五感をフル活用してください。

◆ 五感をバランスよく使う

　ただし、単に五感を使うだけでは激伸びするとは限りません。どのように感覚を使うかも重要です。次のことに気をつけてください。

- 機械的に反復しない。
- 音読するときは最初は正確に発音するつもりで、その後は話しているつもりで感情を込める。
- 実際に、自分に向かって話しかけられているつもりで単語や例文を聞く。
- 書いて練習するときには、手紙や書類を書いているところをイメージしながら、スペルにも意識を向けて、「tが2つ重なっている」など些細なことに気をつけながら書く。

> 実際にネイティブスピーカーと話したり、メールを書いたりする機会があれば使ってみる。機会がなくても、イメージしながら独り言を言い、書いてみる。

　本書の冒頭で、「やっていることが同じでも、頭の中の処理が異なれば結果が異なる」という話をしました。たとえ、五感をフルに活用して単語を覚えるという練習方法が同じでも、上記のようなことができているかどうかで、かなりの差がつきます。くれぐれも「五感を使う」という表面上のやり方にとらわれないようにしてください。

　また、「五感を使うべき」というのは、早く覚えられるからという理由だけではありません。

　単語というのは、覚えてしまえば、自動的に「読む・書く・聞く・話す」で使えるわけではなく、**基本的には覚えた方法でしか使えない**と考えてください。

　つまり、目だけで覚えた単語は、読んだときには瞬時に意味がわかっても、聞いたときに同じくらいのスピードで認識できるとは限らないのです。せっかく苦労して単語を覚えても、「読んだらわかるけど、聞いても意味が取れない」というのはむなしいですよね。

　耳で覚えていない単語の意味が引き出せないというのは、簡単な単語でも起こりえます。たとえば、[brɔ́ːt]「ブロート」や、[drúː]「ドゥルー」と聞いても、bring の過去形・過去分詞形 brought、draw の過去形 drew であるとピンとこない人がわりと多いのです。

単語の練習は、たいていの場合、単語集を使うか、新聞・雑誌・教材に出てきたものを覚えるというやり方だと思います。つまり、単語の練習は「読む」という行動と連動していることが多いのです。そのために、見たときに意味が取れるようにするという、視覚重視の練習になりがちです。

　単語はリーディングのためだけに覚えるのではないということも頭に置いて、五感を駆使して、バランスよく練習してください。

◆ 日→英の練習もする

　単語の暗記というと、単語を見たときに意味を思い出す練習に集中しがちですが、日本語訳を見て単語を思い出す練習も取り入れてください。

　これは、スピーキングとライティングにも使えるようにするという、実用的な目的のためだけではありません。単語を見て単語訳を思い出す練習と、単語訳を見て英語を思い出す練習の双方向で覚えた方が、**単語→単語訳だけという一方通行の練習よりもはるかに忘れにくい**のです。

　とくに、英検やTOEICなどの資格試験のために勉強しているときには、「読む」「聞く」ということに集中するため、単語→単語訳という練習だけに終始してしまうかもしれません。しかし、日本語→英語の練習は、覚えた単語を忘れにくくするという点で、その「読む」「聞く」のためにも大切なことなのです。

　頭に入れるということに集中せず、覚えたものを「残す」とい

激伸びのコツ
ボキャブラリー

う視点で練習しましょう。

思い出すことを重視する

　単語集などを使って、一度に大量の単語を暗記する場合、どうしても「頭に入れる」ということを主眼にしがちです。しかしながら、単語を見て瞬時に意味を思い出せるようにするためには、どれくらい覚えようとしたかではなく、**どれくらい「思い出した」かを重視**してください。

　思い出せるようにするには、「自分の力で思い出す」という動作を実際にやってみる必要があります。ちょっと考えて思い出せなかったからといって、答えを見て「ああ、そうだったな」と思うのは練習になりません。

　そこで、単語の練習中は、

- 答えはできる限り見ない。
- 文脈から引き出す。

　ということを、つねに心がけましょう。思い出せなくてもすぐに答えを見るのではなく、どんなことをしても自分の力で思い出すようにすることが大切なのです。

　自分で思い出す手段はいくつかありますが、とくにおすすめするのは、**例文を読んで文脈から意味を引き出す**ということです。
　単語ひとつの意味を思い出そうとしても、とっかかりがなさ

すぎます。例文を読めば全体的な文の意味から、単語の意味が推測しやすくなり、その分だけ思い出しやすいはずです。しかもこの方法は「自分の知らない単語が出てきても、文脈から推測して処理する」という練習も兼ねることになるので、一石二鳥です。

このほかにも、単語訳を紙で隠し、紙をずらしながら1文字ずつ単語訳を見るというやり方があります。たとえば、

| withdraw | （預金などを）引き出す |

という単語の意味を思い出せないとき、紙で単語訳を隠して、1文字目の「(預」だけを見ます。それでも思い出せないなら、2文字目まで紙をずらして、「(預金」まで見るというように、思い出せるまで見ていくのです。

このように、どんな手段をとってもかまわないので、自分の力で思い出すということを繰り返し練習しましょう。

▶ すばやさも心がける

単語の暗記では、「いかにすばやく意味を思い出せるか」という敏捷性にも気をつけてください。

たとえ暗記できたとしても、思い出すのに10秒も20秒もかかるものは、実際にはあまり役に立ちません。リーディングであれ、リスニングであれ、読んだ瞬間、聞いた瞬間に意味を思い

出す必要があります。

また、ライティングやスピーキングで使おうと思っている単語なら、瞬時に単語が出てこなければ、これもまた、使えないのと同じです。

したがって、**時間がかかるものは「習得ずみ」扱いしてはいけない**ということです。あくまでも「瞬時に」出ないと意味がないのです。

普段の練習でも、タイマーで時間を計るなどして、敏捷性のアップも心がけましょう。

熟語とイディオムはバラしてつなげる

熟語やイディオムを暗記する場合、それらをひとつのかたまりとして丸暗記しないようにしてください。あくまでも、**それぞれの単語の意味を踏まえて、その集合体として全体の意味を理解する**ように心がけましょう。

つまり、熟語やイディオムに使われる単語のそれぞれの意味と、これらの単語の意味が合わさって、なぜそんな意味になるのかを、自分なりに考えることが大切なのです。

たとえば、get up「起きる」を考えてみましょう。

単に、get up＝「起きる」と丸暗記するのではなく、get の持つ意味と up の持つ意味をそれぞれ自分なりに、漠然とでかまわないので思いめぐらします。そして、その2つの単語の意味

をどうにかして組み合わせて、get up の意味である「起きる」につなげようとするのです。

たとえば、get には I got tired「私は疲れた」のように、become と同じ「～の状態になる」という意味があります。また、up には、それ単体で「寝床から出て、起きている状態で」という意味があります。

ですから、get up というのは、「寝床から出ている状態になる」と考えたうえで、get up ＝「起きる」と暗記するということです。

このように、熟語やイディオムを覚える際に、個々の単語の意味も考慮に入れるというやり方には、次の利点があります。

① 暗記するヒントになるので、覚えやすい。
② 熟語・イディオムに使われている個々の単語についても感覚が向上し、流用しやすい。

①については、熟語やイディオムの丸暗記に走るより、使われている単語の数だけヒントの数が増えるわけですから、覚えやすくなる理由がおわかりいただけるでしょう。また、どのように個々の単語の意味をまとめて、熟語・イディオムとしての意味にまでつなげたかということが頭に残りやすいので、そこからも引き出せることがあります。

②については、先ほどの例でいえば、get と up の意味をいろいろ思いめぐらせているわけですから、この２つの単語に対する感覚を向上させる役に立ちます。

激伸びのコツ
ボキャブラリー

　たとえ、up に「寝床から離れて」という意味があると知識的に知らなくても、「上に」という意味から考えて、「起きるというのは、寝ている状態から立ち上がる状態になる」という感じで、自分なりに納得して、そういった印象やイメージを浮かべていれば、それはそれで up に対する感覚が向上するのです。

　そうすると、たとえば、stay up を見たときに、いちいち丸暗記しなくても、「up の状態のままでいる」というところから、「寝ないで起きている」という意味を引き出せたり、覚えやすくなったりします。また、

Tom told his wife not to **wait up** for him because he might come home very late.

「トムは、帰宅するのがとても遅くなるかもしれないから、妻に＿＿＿＿＿ないように言った」

という英文を見たときに、たとえ wait up という熟語を知らなくても、「up の状態で待つ」から、「寝ないで起きて待っているという意味か」と想像できやすくなるのです。

　これを、"get up" =「起きる」と丸暗記してしまうと、まるで get up でひとつの不可分の単語のように扱ってしまい、stay up「寝ないで起きている」も wait up「起きて待っている」も、お互いにリンクすることがありません。そして頭の中で全く別のものとしてバラバラに格納されることになります。

　こうなると、この 3 つの熟語は、まったく関連のない熟語と

して扱われ、まったく別の熟語を新たに覚えるようなやり方となって効率が悪いうえに、up に対する感覚も、get/stay/wait のそれぞれに対する感覚も向上しません。

ただし、「どう考えるのが正解なのか」はあまり気にしないでください。個々の単語の意味を考えるのは、あくまでも感覚を向上させるためで、論理的な説明を求めすぎるとかえってよくありません。完璧な説明を求めるより、**多数の熟語やイディオムをこなすことによって、それぞれの語に対する感覚を磨く**という姿勢で取り組んでください。

なかには、個々の単語の意味を組み合わせても、熟語・イディオムの意味につなげにくいものもあります。たとえば、put up with「我慢する」を考えてみると、put と up と with の意味をどう組み合わせても「我慢する」にはならない感じがします。しかし、とりあえずこじつけてでも「我慢する」までくるようにしてみてください。

激伸びのコツ
ボキャブラリー

```
          自分なりの
       「我慢する」イメージ

   それを合成して熟語訳になるように考える。うまく
   いかなくても、考えただけでも効果がある。

 自分なりの put の    自分なりの up の    自分なりの with の
 意味と『感じ』       意味と『感じ』       意味と『感じ』

    put               up                with

              put up with
        それぞれの単語の意味をイメージする
```

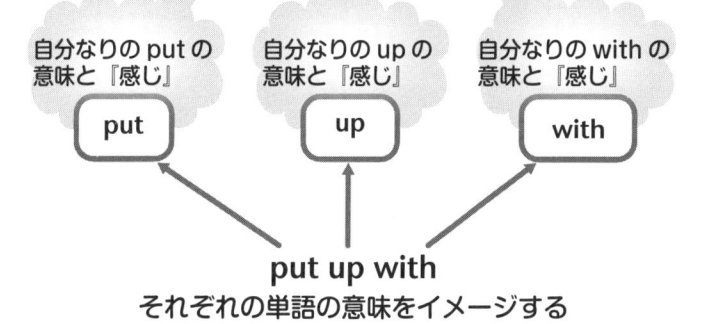

ここで重要なのは、うまくこじつけることよりも、個々の単語と熟語・イディオムの意味をつなげようと、あれやこれや考えることです。たとえ、うまくいかなくても、考えた分だけ個々の単語に対する感覚が向上し、別の熟語やイディオムで使われたときにより覚えやすく、また意味を推測しやすくなっていくのです。

あくまでも大切なのは、**熟語・イディオムだからといって、全体の意味にばかりとらわれ、その中で使われている個々の単語をおろそかにしない**という姿勢です。構成している単語を、ひとつずつ注目して覚えるようにしてください。

◆ イメージに直結させる

　単語を暗記するときには、日本語訳と単語を連結するのではなく、イメージと単語またはその音を直結させるつもりで覚えてください。

　次の図に示すとおり、あくまでも日本語訳は単語と直結するための道具として使い、日本語訳がなくてもかまわないという心構えで暗記しましょう。そのためには、覚えるときに、「この単語を見たり、この発音が聞こえたら、こんなイメージや印象や感じを持とう」と自発的に心がける必要があります。

　くれぐれも**日本語訳を思い出すことが目的であるかのように暗記しない**ようにしましょう。あくまでも思い出すのは、その単語訳を使って言い表そうとした内容の「イメージや印象」です。

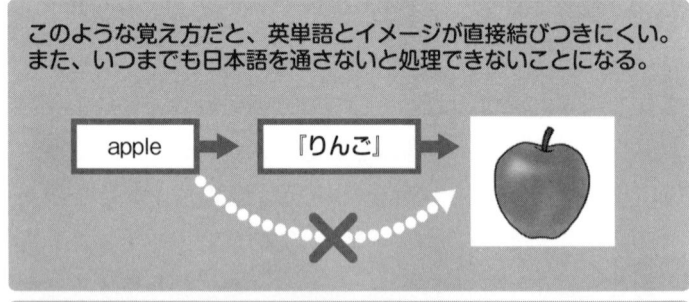

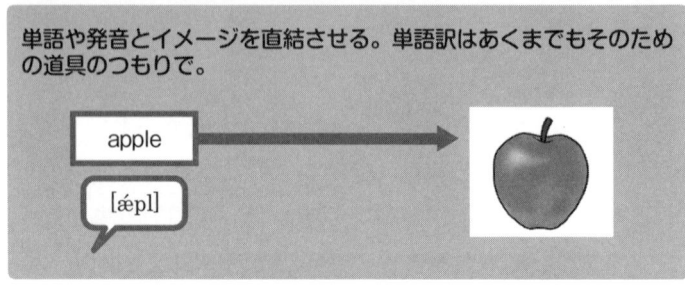

このような覚え方だと、英単語とイメージが直接結びつきにくい。また、いつまでも日本語を通さないと処理できないことになる。

apple → 『りんご』 → 🍎
✗

単語や発音とイメージを直結させる。単語訳はあくまでもそのための道具のつもりで。

apple → 🍎
[ǽpl]

激伸びのコツ
ボキャブラリー

複数の意味をバラバラに暗記しない

多くの単語は、複数の異なる意味を持っています。自分のよく知っている単語でも、知らない意味があったということもあるでしょう。

そういうときには、これらの意味をまったく別のものとしてバラバラにして覚えるのではなく、**できる限り共通項というか、その複数の意味が共通の意味を内包していないかどうか考えてください。**

たとえば、introduce には「紹介する」のほかにも、「導入する」という意味があります。

日本語ではこの2つはかなり異なる意味ですが、だからといって、まったく違うものとしてバラバラに覚えようとせず、introduce がもともとどんな意味だからこのような単語訳が引き出されたのか、また「紹介する」「導入する」という単語訳が含んでいる、共通した意味やイメージを見つけるつもりで考えてください。

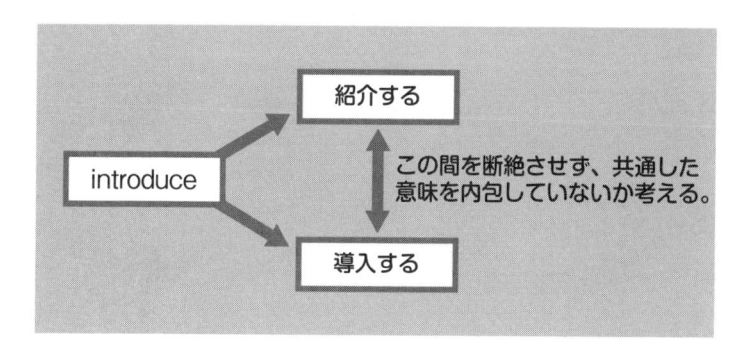

```
                  紹介する
                  ↗
    introduce          ↕  この間を断絶させず、共通した
                  ↘       意味を内包していないか考える。
                  導入する
```

また、これまでに知らなかった意味があるとわかったときには、すでに**知っている意味を手がかりに、どうにかして新しい意味につなげる**つもりで覚えてください。

　上記の例で言うと、introduce を「紹介する」という意味で覚えていて、あとから「導入する」という意味を覚えようとする場合、できるだけ「紹介する」をヒントに覚えようとしてください。そうすれば、より早く覚えられますし、introduce に対する感覚も向上します。

激伸びのコツ
ボキャブラリー

単語訳に頼らない

　単語を覚えるとき、英単語とその訳を見て暗記するというやり方がほとんどだろうと思います。それはそれで重要な練習ですが、日本語を通して単語を覚える場合、単語訳自体がきちんと理解できているかどうかの確認が必要です。

　どういうことかというと、次の図のとおり、単語と日本語訳は完全に一致するわけではなく、あくまでも近似値です。単語とその日本語訳が重なる部分もあるのですが、そうはならないこともあるのです。

　たとえば、admit「認める」を考えてみましょう。admit の日本語訳が「認める」だとはいっても、日本語の「認める」という概念に、必ず admit が使えるわけではありません。

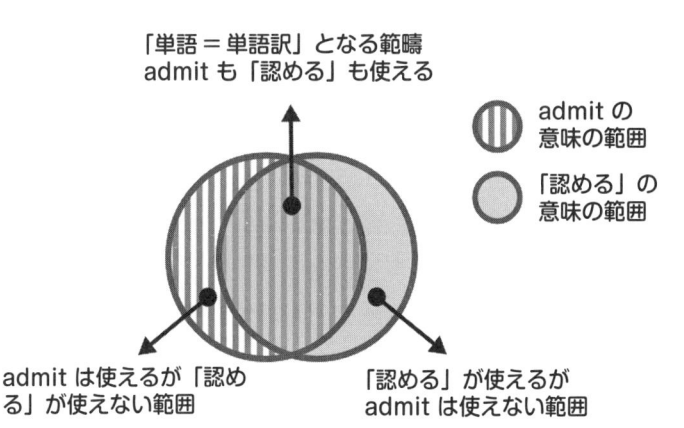

「単語＝単語訳」となる範疇
admit も「認める」も使える

admit の意味の範囲

「認める」の意味の範囲

admit は使えるが「認める」が使えない範囲

「認める」が使えるが admit は使えない範囲

たとえば、以下のような例です。

> ○ The student was **admitted** to the college.
> 「その学生は大学への入学を認められた」
>
> × He **admitted** her daughter to attend the party.
> 「彼は娘がそのパーティに出席することを認めた」

2つ目の例文では admitted を使うことはできません。allowed や permitted なら可能です。というのは、admit が「認める」という意味で使われる場合、「入学や入場を許可する」という意味であって、通例「人が〜するのを許す」という意味では使われないからです。

しかし、それは、admit＝「認める」というように、単語＝日本語訳という覚え方をしているだけでは区別のしようがないのです。

つまり、**何も考えずに単語訳を鵜呑みにして覚えるのは危険**だということです。これは、辞書や単語集の単語訳が間違っているという意味ではなく、書かれた単語訳だけでは、学習者のほうが単語のニュアンスまで把握しきれないために、編纂者や著者の意味するところを誤解する可能性があるということなのです。

そこで、単語訳を丸暗記するのではなく、**例文をきちんと読んで、その例文の文意から単語の意味を確認する**ようにしてく

ださい。また、単語訳にカッコ書きの補足があればこれもよく読みましょう。

　たとえば、先ほどの admit だと、辞書では「(入学、入場などを) 認める」といった書き方になっていると思います。単語を早く覚えたいと思うときにはどうしても「認める」の部分だけに注目しがちですが、「(入学、入場などを)」の部分も考慮に入れておかないと、使い方を間違える原因となるのです。

　辞書を引く場合も同じで、単語訳だけを見るのではなく、例文を読み、例文の文脈から単語の意味をつかむようにしてください。

文 法　　激伸びの コツ

▶ イメージとリンクさせる

　第3章で、イメージ化の重要性についてお話ししました。ここでは、文法の練習における、イメージ化についてもう少し詳しくご説明します。

　文法の練習中は、たとえば、

> 現在完了 → have＋過去分詞
> 原級比較 → as＋形容詞/副詞の原級＋as＋比較の対象

といったふうに、形を覚えておくべき項目があります。そのときには、公式を覚えることに終始しないように気をつけてください。
　文法は正しい文を作るためだけにあるのではありません。「この順番で、この形で、この単語とセットにすればこんな意味になる」という、意味を付け加えるためにも使われるのです。
　したがって、文法項目を無味乾燥な公式のように覚えたりせず、意味やイメージとリンクさせる必要があるのです。この点では、文法もボキャブラリーと同じです。
　文法書などを読んで、文法項目を学習した場合、その説明や日本語訳を読んで理論的に理解したあとは、**その文法項目と理**

解したことを、イメージや印象と直接結びつけるつもりになってください。

　たとえば、日本語で「食べているところだ」というフレーズを聞くと、「何かを食べている最中である」というイメージや印象を持つと思います。しかし、「食べる」という動詞を使わなくても、「〜しているところ」という表現だけで、「誰かが何かをやっている最中」という漠然としたイメージがあるのではないでしょうか。
　これと同じように、am/are/is+ing 形という形が文中に出てきたら、その形を認識し、同時にそのイメージが出るようにしておかなければならないのです。これは、使われている単語の意味を知っているかどうかとは関係がありません。
　たとえば、

　　is exacerbating

と書いてあったとき、exacerbate の意味がわかっていなくても、現在進行形であることを認識して、少なくともその部分だけはイメージ化しなければならないということです。知らない動詞があるだけで、進行形であることまで処理しそびれてはいけないのです。

　また、イメージや印象に転化せず、日本語訳で理解しようとすると、意味を取り違えるおそれもあります。たとえば、今の「〜している」という訳は現在進行形にだけ当てはまるのではな

く、次の表のように複数の時制の形に当てはまります。

「〜している」と訳せる時制の形の一例

習慣を表す現在形

☐ **I study** English every day.

「毎日英語を勉強している」

現在行っている最中の動作を表す現在進行形

☐ **I am studying** English now.

「今、英語を勉強している」

未来のある時点で行っている最中である動作を表す未来進行形

☐ **I will be studying** English at 3 tomorrow.

「明日の３時には英語を勉強している」

現在までの動作の継続を表す現在完了進行形

☐ **I have been studying** English for 2 years.

「今まで２年間英語を勉強している」

このため、英語から日本語に訳すときには、現在進行形だと認識して「している」という訳をつけるのに、いったん訳すと日本語訳でしか内容のことを考えなくなり、いつの間にか頭の中で継続を表す現在完了進行形にすりかわっていても、それに気がつかないということが起こります。

逆に英文を作るときでも、「私は20年間この会社で働いている」というつもりで、

激伸びのコツ
文 法

× I **am working** for this company for 20 years．
（→ have been working）

という間違った文を作っても、この英文の直訳自体は正しい日本語になるために、間違いに気がつかないことにもなります。

このようなことにならないように、**日本語訳を介さずに、文法項目を直接イメージに結びつける**ように心がけてください。

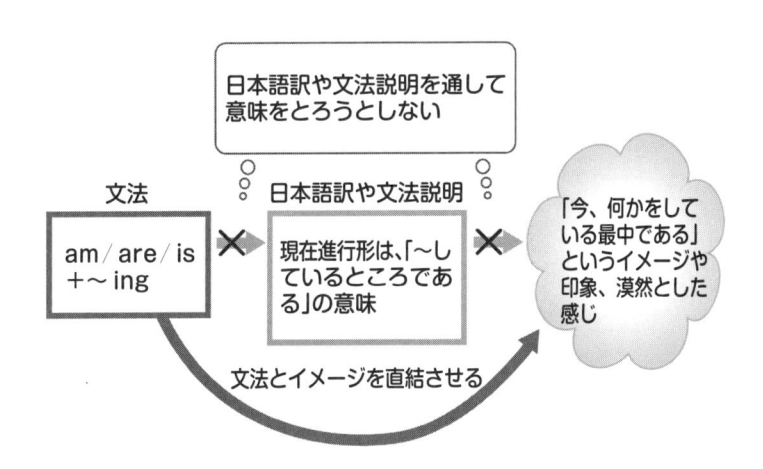

```
        ┌─────────────────────┐
        │ 日本語訳や文法説明を通して │
        │ 意味をとろうとしない    │
        └─────────────────────┘
                   ○                     ○
  文法              ○ 日本語訳や文法説明   ○   ┌──────────┐
┌──────────┐       ┌─────────────┐          │「今、何かをして│
│am／are／is│  ✕   │現在進行形は、「〜し│  ✕  │いる最中である」│
│＋〜 ing   │       │ているところであ  │      │というイメージや│
└──────────┘       │る」の意味       │      │印象、漠然とした│
    │               └─────────────┘          │感じ          │
    │                                         └──────────┘
    └──────文法とイメージを直結させる──────────↗
```

たとえば、英語が苦手な方でも、"I"という単語を見たときには、いちいち「私」という訳を思い出してから、「書き手または話し手本人」とイメージ化することはないと思います。おそらく、「I → イメージ」という直接のリンクができているのではないでしょうか。"yes"や"no"も同様でしょう。

ほかの単語も文法項目も、このような状態にしたいわけです。

単語と同じように覚える

　文法が覚えられない方は、とくにこういったイメージや印象が置き去りになっていないか確認してください。

　たとえば、助動詞について考えてみましょう。助動詞を苦手とする人は多く、意味がなかなか覚えられないという方がいます。確かに、should には「すべきだ」「はずだ」、must には「しなければならない」「に違いない」など、ひとつの助動詞に複数の意味があって、ややこしいですね。

　しかし、それは普通の単語も同じです。ですから、

> must … 「しなければならない」「に違いない」
> should … 「すべきだ」「はずだ」
> may … 「するかもしれない」「してもよい」
> can … 「できる」「することがある」

など、上記の助動詞の意味を覚えるのと、

> introduce … 「紹介する」「導入する」
> interest … 「興味」「利子」
> safe … 「安全な」「金庫」
> develop … 「開発する」「(写真を) 現像する」

といった、複数の意味を持つ単語を覚えるのは、記憶するまでの手間という点では同じような作業と負担となるはずです。

激伸びのコツ
文法

　にもかかわらず、助動詞の意味を覚えるほうが、同じ数の単語を覚えるより難しいと感じる人は多いようです。

　助動詞は学習者の頭の中では、ボキャブラリーというよりも文法とみなされています。そして、文法を学ぶというと、どうしても公式のように覚えようとするのかもしれません。

　確かに、使い方はきちんと覚えなければなりません。助動詞のうしろは動詞の原形とか、否定文には not をつけるとかです。

　しかしながら、もっと大切なことは、その文法項目が付け加えるはずの意味をイメージ化して、その項目とリンクさせておくことです。may なら「やってもいいよ」とか「するかもしれないなぁ」と話しているところを漠然とイメージして、may という言葉に結びつけるのです。

　それは、ボキャブラリーを覚えるのとまったく同じ作業ですから、**意味を覚えるという点で、ボキャブラリーと文法に差をつけないように**してください。

　また、同時にライティングやスピーキングでも使えるようにするために、逆からのリンクもできるようにしておきましょう。つまり、「こんなことが言いたい・書きたいときには、この文法・構文」というリンクです。

　先ほどの、「ずっと働いている」という英文で言えば、「〜している」という日本語から英語を出そうとするのではなく、漠然とした「ずっと今までやってきた」という感じを英文にするには、どのような文法を使えばいいのかを考えるのです。

　ただ、これはやろうとしてもいきなりできるものではなくて、

文法を学びながら、次の絵のように、文法とイメージや感じをリンクさせようと心がける必要があります。

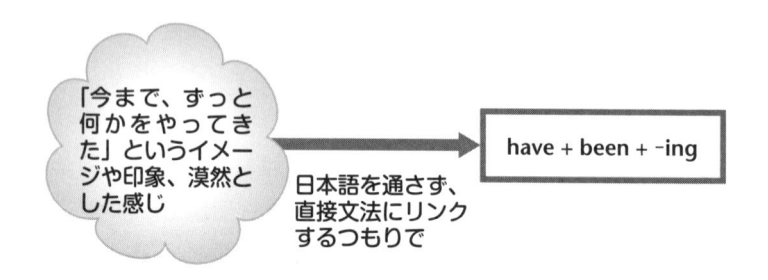

「今まで、ずっと何かをやってきた」というイメージや印象、漠然とした感じ

日本語を通さず、直接文法にリンクするつもりで

have + been + -ing

「文法的な知識はわりとあるのに、どれをどう使ったらいいかわからない」という方は、「文法→理解」という練習だけではなく、「イメージ・感じ→文法」という視点で「こんなことが言いたいときにはこの文法を使う」ということを、自分で強くイメージしながら、文法書を読み返してみてください。

さて、文法とイメージをリンクさせるには、ただ単に頭で理解しているだけではできません。そこで、単語を覚えるのに五感を使うのと同じように、**文法も五感を使って習得する**ようにしてください。つまり、ボキャブラリー編で書いた以下のプロセスを、文法でも何度も反復するのです。

激伸びのコツ
文法

- 目で見る
- 声に出して発音する
- 耳で聞く
- 何度も書く
- 実際に使ってみる

　文法書には例文が書かれています。それを使って、該当する文法項目の部分をとくに強くイメージしながら、何度も口に出したり、書いたりするのです。そして、その文法項目を使って文をたくさん作ってください。

◆ 英文中の文法に意識を向ける

　文法の練習は、まず文法書の説明を読んで理解し、例文を読んで使用例を確認して、問題を解くという段取りの方が多いと思います。これはこれで大切な練習なのですが、実際に「読む・書く・聞く・話す」で正確に使えるようにするためには、単に理解して問題を解いてみるという練習だけでは不足です。

　その大きな理由として、こういった練習は、どの文法項目を使うのかがあらかじめわかった状態であることが挙げられます。

　たとえば、文法書で to 不定詞の名詞的用法「〜すること」の説明を読んでいるとき、例文を読む前から、「to 不定詞が使われて、その意味は『〜すること』である」とわかっている、ということです。to 不定詞を問う穴埋めの文法問題でも、「to 不定

詞に気をつけなきゃ」と思いながら、設問の英文を読むことになります。

　しかし、文法問題以外で英文に触れるときには、その英文中にどんな文法項目が使われているのかがまったくわかりません。よって、**まずどんな文法項目が使われているのかを、すべて認識できる能力が必要**なのです。使われている文法項目に気がつかなければ、それに注意して読むこともなく、その結果、きちんと処理せず誤解するということにつながるからです。
　たとえどれだけ文法に詳しくても、「使われている」ということに気がつかなければ何の役にも立ちません。
　ちなみに、英文を読んでいるときに、to 不定詞に気がつかないということは、じつはよく起こります。とくに、難しい単語が使われているときや、内容自体が難しい場合には、単語や全体的な意味を追うのに必死になるため、to 不定詞の"to"などは眼中になくなるということが、上級者でも起こりうるのです。これは、to 不定詞だけではなく、どの文法項目でもそうです。

　普段の文法練習は、特定の文法が使われていると知った状態で英文を処理します。つまり視点が「文法→英文」です。それに対し、「読む・聞く」で使えるようにするためには、**どんな文法項目が使われているかわからない英文中から、使われている項目を自発的に認識し、それを組み込んだうえで英文を理解しなければなりません**。視点は「英文→文法」と、普段とは逆の視点に基づいた練習が必要なのです。

激伸びのコツ
文 法

　これは、冠詞のaから仮定法、倒置に至るまで、すべての文法項目に言えることです。勉強していけばいくほど、知らないから間違えるというよりも、気がつかないから間違えるということが増えていきます。

　そこで、読むときも聞くときも、英文のセンテンスを処理する場合は、使われている文法項目のすべてに気がついて、それを意味に含めるということに意識を向けてください。せっかくさまざまな文法を学んだのに、使われていることに気がつかないのでは、宝の持ち腐れですし、ちっともうまくなりません。

英文を書くように読む

　さて、文法に気がつくことが大切といっても、気をつけているつもりでも見落としてしまう方も多いでしょう。その場合は、書くように読むということを心がけてください。

　英文を読みながら理解し、自分だったら同じように書くのかとか、どういうつもりのときにこう書くのかを考えるのです。

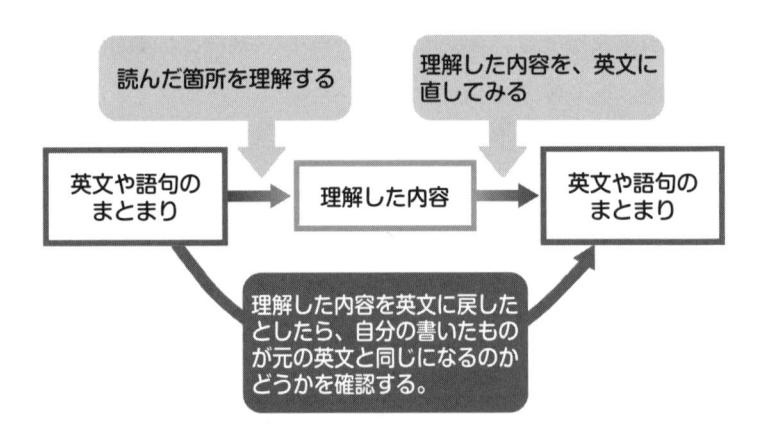

```
         読んだ箇所を理解する          理解した内容を、英文に
                                      直してみる

  ┌──────────┐      ┌──────────┐      ┌──────────┐
  │ 英文や語句の │ ───→ │ 理解した内容 │ ───→ │ 英文や語句の │
  │  まとまり  │      └──────────┘      │  まとまり  │
  └──────────┘                          └──────────┘
        ↑   理解した内容を英文に戻した        ↑
        └── としたら、自分の書いたもの ──────┘
            が元の英文と同じになるのか
            どうかを確認する。
```

　と言っても、本当に紙に書いてみるのではなく、英文を読んで理解したものを、再度英文に直したときに**自分だったらどう書くのかを考えながら読む**ということです。

　基本的に、元に戻せない箇所は、自分の意識があまり深いところまで向いていないところと言えます。

　では、ここでひとつ実験をしてみましょう。次の英文を読んで、意味を考えてください。それほど難しい英文ではありませ

激伸びのコツ
文法

んので、読むときには、戻り読みしたりせず、普通に 1 回だけ読むようにしてください。そして読み終わったら伏せてください。ではどうぞ。

> He always put his plates on the dishwasher before going to work.

意味が取れましたか。

それでは、上記の英文を紙で伏せるか、または見ないようにして、理解した内容をもとに、同じ意味の英文を書いてみてください。記憶に頼らず、あくまでも理解した内容を、先ほどの英文で使われていた単語や構文を使って、自分で書いてみるだけです。

英文自体を思い出そうとはしないでください。それでは記憶力のテストになってしまいます。あくまでも、頭に浮かぶイメージを使って、自分だったらどう書くのかを考えて、英文に戻すというスタンスです。

書けたら、英文と照らし合わせてください。とくに下線部に注目しましょう。

> He always **put** his plate**s on** the dishwasher before going to work.
> 「彼はいつも仕事に行く前に食器洗い機の上に自分の皿を置いた」

put に 3 単現の -s がついていませんから、過去形のはずです。always につられて現在形と取らないようにしてください。

そして、plates が複数形ですから 2 枚以上のお皿ということ、また、on が使われていますから、皿洗い機の中ではなく上に置いたということですね。

　いかがでしょうか。正しく元に戻せましたか。正しく戻せないところがあれば、そこが最初に英文を読んだときに処理できていなかった文法項目です。
　もし正しく英文に戻せていても、「そういえば、複数形になっていたな」と記憶に頼るやり方で戻せても意味がありません。単に、単語を未処理のまま頭に詰め込んで、それを思い出しているにすぎないからです。

　ただし、英文に戻してチェックするからといって、すべての英文を実際に書く必要はありません。あくまでも、理解した内容を英文に戻すときに、本当に自分は元の英文のような書き方をするかどうかを確認するためです。
　自分だったらこう書かないとか、違う書き方をするのではないかということを、自分で感じ取りながら読んでください。そして、**「もし自分ならこんなふうには書かない」という箇所があれば、本当にそのような意味に取ってもいいのかどうかを考えるというのが目的です。**
　先ほどの例文では、もし読み間違えて「皿洗い機に入れた」と取った場合でも、もしそれを英文で書けば、自分なら in the dishwasher にするのではないかということに思い至れば、「ちょっと待てよ、じゃあ、この "on" は何だ」と、気がつくはずです。

文法用語を覚える

　文法が苦手な方にとっては、文法用語というのは見るだけで苦痛かもしれません。

　しかしながら、文法用語を覚えることなしに文法書を読むのはかなり難しいと言えます。少なくとも、自分が使っている文法書に出てくる用語は覚えていないと、その文法書が読めないことになります。問題集や教材の中で、文法用語を使って説明がされているときにも理解できません。

　初心者向けの文法書では、できるだけ文法用語を使わないものもありますが、それにも限度があります。実際、文法用語は概して難解な言葉が多いのですが、用語を使わずに説明すると、逆に読みにくくなるものです。経済ニュースでも、経済用語を使わずに説明しようとすると、かえってわかりにくくなるのと同じです。

　たとえば、

　　「政府はインフレを抑制するための方策を検討している」

という文を、「インフレ」という語を使わずに、同じことを説明するには、「インフレ」という語の説明をこの文中に書く必要があります。インフレは「商品量に対しての通貨の量が必要以上に増えたり、総需要が総供給を上回ったり、賃金などのコストの上昇によって、物価が高くなる状態」(『広辞苑』)という意味ですので、

「政府は、商品量に対しての通貨の量が必要以上に増えたり、総需要が総供給を上回ったり、賃金などのコストの上昇によって、物価が高くなる状態を抑制するための方策を検討している」

となります。本来なら1行ですむはずが、これでは読むのが大変です。しかも、「インフレ」という言葉が、文中に1回しか出てこないならまだしも、出てくるたびに別の言葉で説明するのは、かえって読みにくいですね。

どんな初級用の文法書でも、文法用語がある程度使われています。ですから、文法書を理解するには、少なくとも、自分が読もうとしている文法書に出てくる文法用語は習得する必要があるのです。これはもう覚悟を決めてやっていただくしかありません。ぜひ前向きに取り組んでください。

◆ まずは文法書を「読書」する

もし、文法が本当に苦手であったり、かなりのブランクがあったりする方は、まずは文法書をひと通り、最初から最後まで目を通すことをおすすめします。

これは別に、深く理解しようとしながら読むのではなく、単に、**どんな文法項目があるのかを確認して、全体像をつかむためだけに行うことです。**

激伸びのコツ
文法

　苦手な方にとって、文法は覚えなければならないことや理解しなければならないことが無数にあって、無限の暗闇の世界に踏み込むような感じがするかもしれません。しかし、実際には項目の数は限られていて、その限られた範囲の中をどれくらい深くやっていくかという作業になります。

　そこで、まずはどんな文法項目があるのかをつかむために、雑学本を読書するつもりで、文法書をひと通り読んでみるのです。「へえ」とか「こんな項目があるのか」とか「そういえば、これは習ったな」などと、軽い感じで読めば結構です。あくまでも、英語はこんな文法でできていると、概略をつかむのが目的です。

　そのうえで、文法問題を見たときに、どの項目を問われているのかがわかる、または、説明を読んだときに何の説明をしているのかがわかるというレベルを目指しましょう。

◆ 文法激伸びへの 3-Step メソッド

　文法を練習するにあたっては、問題集を使う方も多いでしょう。その場合は、問題集から最大限の効果を引き出すため、第2章で説明した 3-Step メソッドを使ってください。具体的な取り組み方は次のとおりです。

> **Step 1** | 制限時間あり＋辞書・文法書なし
>
> ■ 自分の力だけで、すばやく正確に文法を使う練習
> ■ 1回の練習につき、20〜30問程度が目安
>   （問題数が多すぎると、Step 2 と Step 3 で1問ごとの充分な時間がとれなくなる）

　最初に、制限時間を決めます。問題集に最初から決められた制限時間がある場合はそれに従い、なければ、1問当たり20秒から数十秒程度で解いてください。

　Step 1 は、**無理やりにでも制限時間内に解く**という練習ですから、「途中で時間がなくなって、最後の数問は何も読まずに適当に答えた」などということのないように、タイマーで計りながら解いてください。見直す場合も制限時間内にしましょう。

　これは、Step 1 に限らず、すべてのステップで当てはまるのですが、センス向上のために、知識に頼りきることなく、語呂がいいかどうかも感じ取ろうとすることが大切です。頭だけではなく、感覚も使ってください。

激伸びのコツ
文法

> **Step 2** | 制限時間なし＋辞書・文法書なし
>
> ■ どれだけ時間をかけてもよいから、自分の力だけで答えを引き出す
> ■ どれだけ粘って、正解を出そうとしたかで伸びが決まる
> ■ 必ず数日にわたってやり続ける

　Step 1 が終われば Step 2 に入ります。もう1回最初から問題を解き直してください。今度は制限時間なし、辞書・文法書なしです。

　第2章で、「自分で引き出さなければ使えるようにならない」と書きました。その意味では、Step 2 はいちばん重要なステップと言えます。

　問題のセンテンスはすべて精読してください。文法の問題だからといって、答えだけ合えばいいという感覚では、激伸びしにくくなります。文法問題の問題のセンテンスも、英文であることには変わりありませんから、文学作品の一文、または自分あてのメールを読むつもりで、深く読みましょう。

　すべての能力を連動させて英語力全体を同時に上げるということ、そして、実際に激伸びしている人はこの連動する度合いが高いということを忘れないでください。

> **Step 3** | 制限時間なし＋辞書・文法書あり
>
> ■ 答えを見る以外、辞書や文法書など、どんな手段を使ってもよいから、自分で正答にたどり着く
> ■ ひたすら全問正解を目指す

Step 2 でさんざん悩み倒して、もう自分の力ではこれ以上考えてもどうしようもなく、またケアレスミスも一切ないと言い切れるぐらい考えたら、Step 3 に入ります。現時点で理解できていないものも、自分で調べて正しい答えを見つけ出しましょう。

また、Step 2 同様に Step 3 でも、問題のセンテンスは精読しましょう。同時に、知らない単語があれば、辞書で意味も調べ、問題のセンテンスを例文として用い暗記してください。辞書や文法書を読んで考えているのですから、できる限り全問正解になるようにがんばりましょう。

> **採点・復習**
>
> ■ Step 3 が終わったら、ステップごとに採点
> ■ 自分の問題点を確認する

Step 1 → Step 2 → Step 3 の順番にスコアがよくなるはずです。

Step 1 と Step 2 を比べて Step 1 のスコアがあまりにも低い場合、時間制限があると正答率が下がるわけですから、スピードが足りないことが考えられます。この場合は、読んで 1

激伸びのコツ
文 法

回で理解する練習が必要です。また、どんな文法項目を問われているのかも考えてください。

　逆に、Step 1 と Step 2 にあまり差がなく、どちらもあまりよくない場合、スピードよりもむしろ、うろ覚えの項目が多い、または、ボキャブラリーに問題があるということが考えられます。

　Step 3 では、辞書や文法書まで使っているので、スコアは満点に近いはずです。もし、Step 3 のスコアが 70〜80％以下の場合は、何を問われているのかわかっていなかったり、基本的な考え方が習得できていないおそれがあります。問題集に取り組む前に、文法書をよく読み、その項目を使った英作文や英文和訳の練習をするなどして、基本的な考え方を身につけるようにしてください。

リスニング　激伸びの コツ

◆ 音を受け入れて覚えてしまう

　リスニングの練習というと、とにかく「聞き取れない単語をなくす」ということに集中しがちです。それも大切なことなのですが、音をそのまま受け入れて覚えてしまうということにも注意を払ってください。

　リスニングが苦手だと、どうしても自分の耳が悪いとか、「正しく聞けない」と感じてしまうのではないでしょうか。確かに、聞き間違いも多々起こります。たとえば、light と right を聞き間違えた場合は、/l/と/r/の音を本当に聞き間違えた結果です。

　しかし、実際には、正しく音は聞きとれているのに、正確な発音を知らないために認識できないだけということが、リスニングが苦手な学習者が自分で感じている以上に多いのです。

　たとえば、iron の発音は [áiərn] ですから、あえてカタカナで書けば「アイアン」または「アイヤン」と聞こえます。これをスペルのローマ字読みで「アイロン」と思い込んでいたら、当然、[áiərn] と正しく聞き取れても「アイヤンって何だ」ということになります。

　また、国ごとのアクセントによる発音の違いもあります。たとえば、vase（花瓶）はアメリカ英語では [véis]「ヴェイス」ですが、イギリスでは [vá:z]「ヴァーズ」と発音されます。こ

激伸びのコツ
リスニング

のことを知らないと「ヴァーズ」と正しく聞き取ったとしても、vase だとわからないわけです。

でも、これは正しく聞き取っているわけですから、耳が悪いわけではありません。単に、正確な発音を知らないだけなのです。

「発音を正確に」というと、スピーキングで相手に通じさせるためのように考えがちですが、正確な発音を知ることは、リスニング力向上のためにも必要不可欠なのです。

しかし、個々の単語の発音さえ覚えれば、それでよいわけでもありません。それ以上にやっかいなのが、音の脱落や連結などで、センテンス中の単語の発音が変化し、自分が思った音とは異なる場合が多々あるということです。

たとえば、check it out は、それぞれの単語の発音は [tʃék] と [ít] と [áut] ですから、「チェック」「イット」「アウト」と、1語ずつ単独で発音されれば、リスニングの苦手な人も聞き取れるでしょう。しかし、センテンス中では、音の連結と脱落が起き、さらにアメリカ英語では/t/の音が/d/と/l/の中間のような音になるため、ほとんど「チェケラウ」と聞こえます。そうすると、たとえ正確に聞き取れたところで、「チェケラウって何だ」ということになります。

これは耳が悪いわけではなく、単に、check it out のセンテンス中での正確な発音を知らないだけなのです。

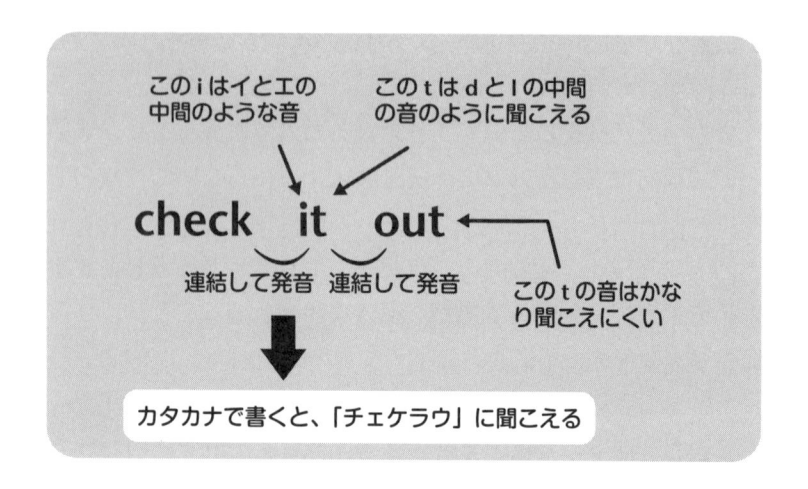

```
         このiはイとエの      このtはdとlの中間
         中間のような音       の音のように聞こえる
                  ↓              ↓
         check    it    out  ←
              ‿    ‿        このtの音はかな
         連結して発音 連結して発音   り聞こえにくい
                  ↓
         カタカナで書くと、「チェケラウ」に聞こえる
```

したがって、リスニング力を向上させるためには、単語の個々の発音だけを覚えるだけでは足りません。音の連結や脱落、アクセントによる変化などで、いわば「ぐちゃぐちゃ」に**なったものをそのまま受け入れて、それを正しい発音だとみなして覚え直す**というステップが必要なのです。

check it out の例も、「チェック」「イット」「アウト」から考えると、もう元の単語がわからないくらい変化している状態です。つまり、激しく変化しているのだから、単に聞き分けようとするのが最初から無理な話で、「今度から、『チェケラウ』って聞こえたら、check it out のことだと思うことにしよう」と覚えておいたほうが早いということですね。

ちなみに、単語が「自分の思ったとおりに発音されていない」というのは、おもに次のような原因によります。

激伸びのコツ
リスニング

国別の発音の違いの例

water → アメリカ英語では「ワラ」「ワダ」に聞こえる
hot → アメリカ英語では [hát]「ハット」に聞こえる
often → イギリス英語では [ɔ́ft(ə)n]「オフトゥン」と"t"を発音する人も多い
schedule → イギリス英語では [ʃédjuːl]「シェジュール」と発音する人も多い
vase → イギリス英語では [vɑːz]「ヴァーズ」と発音する

音の連結の例

check it out → 「チェケラウ」
get it in → 「ゲティティン」「ゲリリン」

音の脱落の例

that book → t が脱落して、「ザッブック」に聞こえる

このように、英語では日本人がスペルから想像するローマ字読みやカタカナ読みや、「こう発音されるはず」という思い込みとはかなり異なる発音になることが多いのです。
複数の単語がぐちゃぐちゃになったものをひとつずつ覚えて

いくというと、無限の組み合わせがあって、すべてを覚えるのは不可能とか、果てしない道のりのように感じるかもしれません。しかし、実際にはそんなことにはなりません。

人間の頭は結構便利にできていて、check it out を「チェケラウ」と何度も聞いてそのまま受け入れて覚えられた人は、次に「ワーケラウ」と聞いたら、練習していなくても work it out のことだとわかり、「プリラウ」と聞けば、put it out のことだとわかる可能性が高くなるのです。

要するに、**ある単語の組み合わせを覚えると、それによく似た組み合わせにも対処できるようになる**ので、組み合わせをひとつひとつ覚えていけば、かなり応用力がつきます。

目よりも耳を信用する

さて、音をそのまま受け入れるために必要なことがあります。

> 自分の目よりも耳を信用する

ということです。

たいていの日本人は、音声ではなく文字をベースに英語を学びました。そのために、文字の呪縛は非常に強く、自分の耳よりも文字を信用するという傾向にあります。リスニングが苦手だと感じている学習者にとっては、なおさらそうでしょう。

そして、きちんとした発音の訓練を受けていない状態で単語

を見てしまうと、たとえ正確に聞き取れていても、その単語のスペルから勝手に想像するカタカナ読みやローマ字読みの発音に引きずられてしまうのです。

　たとえば、何度聞いても「ゲリリン」と聞こえ、何と言っているのかどうしてもわからないとしてください。そこで、スクリプトを見ると、"get it in"と書いてあるわけです。そうすると、「ああ、なんだ『ゲットイットイン』って言っているんだ」と、"get it in"という見た目のスペルから勝手に想像した音に引きずられて、頭の中で発音をねじ曲げてしまうのです。

　"get it in"をアメリカ人が発音した場合、音の連結とアメリカ英語の特徴により、「ゲリリン」のように聞こえます。それを"get it in"と書いてあるからといって、その文字から勝手に想像した発音を信用するというのはお門違いです。

　リスニングの練習中には、「スクリプトを見てもどうしても納得できない」とか、「書かれているような単語を発音しているとは到底思えない」ということがありませんか。

　それがもう、すでに自分の目と発音の知識を過信している状態なのです。なぜかというと、スペルを見て「こう発音されるだろう」という予想と、実際に聞こえてくる発音が大幅にかけ離れているときに、実際に聞こえてくる音よりも、自分の思い込みを信用しているからです。

♪ゲリリン♪ = get it in

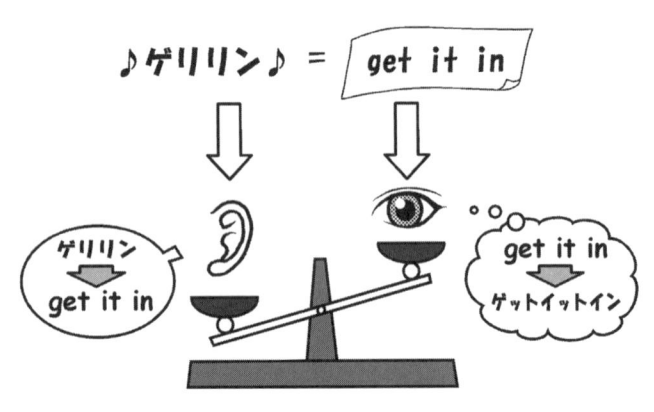

目よりも耳を信用する

　たとえ自分で納得できなくても、それをそのまま受け入れて、**「これが本当の発音なんだ」と思い込む**ことが大切です。スペルから勝手に想像した音を聞き取ろうとしても無駄です。

　また、発音には幅があるということも忘れないでください。

　日本語でも、日本人全員がまったく同一の発音で話しているわけではありません。しかも英語には、国ごとにアクセントの違いがあります。

　「正しい発音」というと、まるで数学の答えのように、「ひとつしかない」と思いがちですが、実際には「正しい」発音の許容範囲は、相当に幅があります。

　したがって、リスニングの練習では、受け入れられる発音の幅を広げる必要があるのです。あまりにも、「この発音はこうあるべき」という意識が強すぎると、かえって聞き取りの許容範囲を狭めることになります。

激伸びのコツ
リスニング

　また、目より耳を信用すると言ったところで、最後に文字を見て納得したいという気持ちは誰にでもあると思います。聞き取れたところが、本当にそのとおりなのかはチェックする必要がありますので、いずれにしても、最終的にはスクリプトを見ることになるでしょう。

　しかしながら、**文字で確認するまでに自分の耳に音を焼き付けておく**必要があります。

　これまでに説明してきたとおり、リスニングで重要なのは、センテンス中の音をそのまま受け入れて覚えてしまうことです。充分に反復しないうちに文字を見てしまうと、文字から想像するカタカナ発音の世界に自分を引きずり込むことになり、「ああ、こんなふうに言っていたのか」という知的好奇心を満たすだけに終わってしまいます。すると、また別の機会に同じような発音を聞いても、やっぱり聞き取れません。

　したがって、リスニングの練習中は、最後の最後まで文字は見ないようにしてください。**リスニングの練習はスクリプトを見る前にどれだけ反復するかでその伸び方が決まる**のです。

ながらリスニングはしない

　大量に聞きさえすればリスニングは伸びる、と考えている学習者が多いようですが、激伸びするためにはこれでは不充分です。リスニングの伸びは、単に耳に入ってきた英語の量で決まるのではなく、聞こえてきた英語をどれだけ頭の中で分析したか、またどれだけ意味を理解しようとしたかで決まると考えてください。

　人間の頭というのは不思議なもので、自分が何かに集中していると外部からの音に気がつかないことがあります。たとえば、物思いにふけっているときや、夢中になって本を読んだりテレビを見ているときに話しかけられても気がつかなかったり、「ごめん、なんて言った？」と聞き返したりしたことは誰にでもあるのではないでしょうか。

　しかし、それは相手の声が小さすぎて聞き取れなかったのではなく、音声信号としては耳に届いていたけれども、頭の中にまで来ていなかったためです。

　母国語である日本語でさえ、きちんと聞くつもりでなければ処理できないのですから、リスニングの練習中にほかのことをしていたり、ぼーっと聞いていても高い効果が得られるはずがありません。

　リスニングは、**どれだけ集中して聞いて、音を聞き分けて、音の羅列を単語に分解し、さらには聞き取れた単語を使って、意味を取ろうとしたかにかかっています。**

激伸びのコツ
リスニング

　第1章で、学習時間と集中力の関係について、その面積で効果が決まると書きましたが、リスニングの場合は、次の図のように、どれだけ頭で考えたかと、聞いた量の面積で決まるのです。

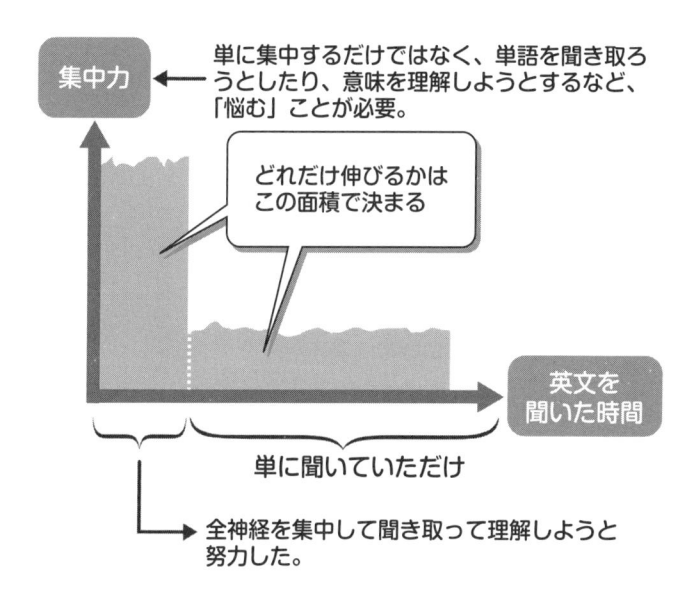

```
集中力 ← 単に集中するだけではなく、単語を聞き取ろ
         うとしたり、意味を理解しようとするなど、
         「悩む」ことが必要。

         どれだけ伸びるかは
         この面積で決まる

                                    英文を
                                    聞いた時間
         単に聞いていただけ

→ 全神経を集中して聞き取って理解しようと
  努力した。
```

　短い時間でもかまいませんから、全神経を集中して練習してください。

◆ 「聞き取り」と「意味取り」を分ける

　「英文を聞いて理解する」と言っても、じつはひとつの能力だけで理解できるのではありません。大きく分けて、単語を聞き取る能力と、意味を理解する能力が必要です。
　そして、このどちらが不足していても理解できない原因となるので、この2つをともに伸ばすように練習しなければなりません。

　単語を聞き取る能力というのは、単なる音の羅列として耳に入ってくる音声を分解し、単語に聞き分けられる能力のことです。音自体を正確に拾えなければなりませんし、先ほどの「チェケラウ」みたいに、単語の音自体が変化している場合も、正しく check it out であると認識できなければなりません。

　とは言っても、聞こえてきた音声がすべて単語として聞き分けられたとしても、それだけで意味が取れるわけではないのです。「単語はすべて聞き取れたけれど、意味がわからなかった」という経験をしたことは、英語学習者なら誰にでもあると思います。
　単語が聞き取れても理解できないということは、必ずしも「聞き取り」＝「理解」ではないことを示しています。そのために、聞き取った単語をもとに内容を理解するという能力が必要であり、そのための練習が必要なのです。

そこで、「単語を聞き取る練習」と、「意味をとる練習」とに分けて、別々に練習してみてください。

> ### 「聞き取り」の練習はディクテーションが効果的
>
> ☐ 聞こえてくる英文をそのまま書き取る
> ☐ 聞き取れない音をそのまま覚える
> ☐ 徹底した反復を、数日にわたってやり続ける
> ☐ 生の英語を素材にする

ディクテーションは、何も見ないで何度も CD を聞いて、聞こえてくる英文をそのまま書き取るという練習です。完璧に聞き取れれば、スクリプトと同じ英文がノートに書けることになります。

この練習の目的は、現時点で聞き取れないものを徹底的に反復して聞き、その音を覚えることにあります。つまり、個々の単語の本当の発音を覚えたり、センテンス中で連結や脱落などでぐちゃぐちゃになった発音を覚えるために行うわけです。

「英文を聞いて書き取る」というと、ともすれば聞き取れるところを探しながら進んでいくというやり方の学習者を見かけます。しかし、これはあまり効果的ではありません。なぜなら、数度聞いただけで書き取れる箇所は、現時点ですでに聞き取れている可能性が高いからです。

重要なのは聞き取れないところです。聞き取れないところを徹底的に反復し、この時点では聞き取れなくてもかまいません

から、まるで**動物の鳴き声を覚えるつもりで音を覚えてください**。

　また、徹底した反復を、数日にわたって繰り返しやり続けることが大切です。数回反復してそれを1日やったぐらいで、1ヶ月後、数ヵ月後も覚えていることはまずないでしょう。音を覚えるというのは、結構難しいことです。

　ディクテーションに使う素材は、ナチュラルスピードのものがいいでしょう。あまりにもスピードが遅いものは、音の連結や脱落が起こりにくいので、ぐちゃぐちゃになったものを使うほうが効果的です。
　できるだけ生の英語を使うようにしてください。また、聞き取れないところを徹底的に反復するには時間がかかりますから、一度にあまりたくさんの量を書き取ろうとしないでください。

　リスニングが苦手な方は、どうしても「まずは自分でもなんとかついていけるレベルから」という気になりがちですが、この練習に関して言えば、**最初からナチュラルスピードのものを使ってください**。もちろん、できが悪くても結構です。5％しか聞き取れないものを、なんとか20％に、そして30％にするというスタンスで取り組みましょう。

激伸びのコツ
リスニング

「意味取り」の練習はセンテンス・リピートで

- □ センテンスの内容をイメージしながら暗唱する
- □ 文の構造や文法にも注意を払う
- □ 1回ですべてを理解するつもりで聞く
- □ 自分にとって簡単な教材からスタート

センテンスリピートは、スクリプトを見ずに1センテンス聞いてリピートするという練習です。ただし、センテンスを丸暗記するのではなく、聞きながら内容を理解し、そのイメージを再び英文に直すというやり方でやってください。

なぜ、聞こえてきたセンテンスを暗唱するだけで、意味を理解する練習になるかというと、ある程度長いセンテンスになると、内容を理解し、文の構造や文法項目にも注意をしなければ、正確に暗唱できないからです。

たとえば、日本語で考えてみましょう。

A：私は図書館に行く途中で、喫茶店に立ち寄ってコーヒーを飲みました。
B：図書館に飲みましたコーヒーで喫茶店は行く、私に立ち寄ってを途中。

Aは普通の日本文、BはAを並べ替えただけで、使われている語句はまったく同一です。しかし、BをAと同じスピードと正確さで覚えられる人はあまりいないのではないかと思いま

す。つまり、意味が理解できないものは、たとえ母国語でも覚えられないというわけです。

ですから、**ある程度長い文を1回聞いただけで覚えようとすると、本当に正確に意味を理解しなければならず、それが練習になる**のです。

センテンス・トランスレーションで深く理解する練習

- □ センテンスを聞きながら理解する
- □ 英文を思い出して訳さない
- □ 1回ですべてを理解するつもりで聞く
- □ 自分にとって簡単な教材からスタート

次に、センテンス・トランスレーションを行います。**1センテンス聞いて、その意味を理解し、日本語に訳すという練習**です。

リスニングの練習中は、どうしても単語を聞き取ることに集中しがちで、意味に意識が向きにくくなります。そこで、強制的に意味を理解することに集中するための練習を行います。

まるで、**自分が通訳を頼まれているかのようにCDを聞いて、日本語に訳してください。**1センテンス聞き終わった瞬間に意味が理解できているようにしなけばなりません。とりあえず1センテンスを暗記して、あとから英文を思い出しながら訳すのでは、練習になりません。あくまでも聞きながら理解することを目標に練習してください。

激伸びのコツ
リスニング

　意味を取る練習をしているときには、どんなときにも「1回ですべてを理解する」というつもりで聞いてください。とくに、CDなどの教材は何度でも聞き返すことができますが、「何度でも聞き返せる」という状況に甘えず、何としても1回で理解するという、強い姿勢が必要です。

　そのうえで、聞き取れない箇所は何度でも反復しましょう。つまり、意味を取る練習では、「1回で理解する」「何度も聞き返す」という背反するやり方が必要なのです。

　聞き返すときも、「次で必ず理解する」という姿勢は忘れないようにしましょう。

　練習に使う教材ですが、「聞き取り」ではナチュラルスピードが適していますが、「意味取り」は、聞き取れない単語が多すぎると練習になりません。ですから、比較的ゆっくりのスピードで収録されているもの、または何回か聞き返せば理解できるものからスタートしてください。

　その代わりに、理解度は100%を目指してください。90%では不合格という認識が必要です。そして、だんだん難しい教材に切り替えていきましょう。

　つまり、聞き取る練習は、ナチュラルスピードのものを使って、「ボロボロになってもかまわないから、聞き取れる単語の数を少しでも増やす」という姿勢。そして、意味を取る練習は、「比較的簡単な教材を使って、その代わりに完璧な理解を目指す」という姿勢。この両極端な姿勢で取り組むのです。

リスニング激伸びへの 3-Step メソッド

　リスニング練習の教材として、TOEIC や英検などの資格試験用のテキストなど、リスニングの問題集を使う方も多いと思います。そのときには、第 2 章で説明した 3-Step メソッドを使って練習し、できるだけ多くの効果を教材から引き出すようにしてください。具体的な取り組み方は、次のような段取りになります。

> **Step 1** | 2度聞きなし＋辞書・スクリプトなし
> - 自分の力だけで、一発勝負で解答する
> - 答えやスクリプトは一切見ない

　まずは自分の力だけで、普通どおりに解いてみます。途中で CD を止めたり、巻き戻したりして聞き直すことなく、すべて一発勝負で解いてください。
　また、辞書やスクリプトを見ることもしないでください。問題を解いてしまうと、答えが気になるかもしれませんが、Step 3 が終わるまでは答えも見ないでください。ここで答えを見たりスクリプトを見たりしてしまうと、このあとの練習の効果が薄れます。

激伸びのコツ
リスニング

> ### Step 2 | 何度聞いてもよい＋辞書・スクリプトなし
> ■ 何度聞き直してもよいので、自力で全問正解を目指す
> ■ 数日にわたって粘って聞き取る
> ■ 数回聞いて聞き取れないところは、音ごと覚えてしまう

　Step 2 では、何度聞き返してもかまわないので、自分の力だけで全問正解するのが目標です。Step 2 は必ず数日にわたって行ってください。何回か聞き返しただけで Step 3 に行かないようにしましょう。

　リスニングは、スクリプトを見る前にどれだけ練習したかで、伸びが大きく左右されます。したがってこの Step 2 でどれだけ粘って反復して聞き取ろうとしたか、そしてそれでも聞き取れないところをどれだけ反復して聞き返したかで、伸びが決まります。

　自分の聞き取れないところを早く知りたいからといって、すぐに Step 3 に移って答えを見てしまうのは、自分の「知りたい」という欲求を満たすだけです。それではリスニングの能力の向上にはつながらないのです。

　ただし、数回聞き返しても聞き取れないところは、この時点ではたとえ 1000 回聞き返しても聞き取れません。したがって、数回目以降聞き返すときには、聞き取ろうとするだけではなく、ディクテーションのように、音ごと覚えてしまうというつもりで聞き返しましょう。

　そして、数週間後、数ヵ月後に同じような音が出てきたときには聞き取れる、ということを目指すのです。

> **Step 3** | 何度聞いてもよい＋一部スクリプト参照可
>
> ■ 辞書やスクリプトを見てもよいから、全問正解を目指す

　Step 2 を数日にわたって行い、聞き取れない箇所も音ごと覚えてしまったら、Step 3 に入ります。

　ここでは、わからない箇所と自信のない箇所だけは、辞書やスクリプトを見て確認しても結構です。とにかく、必ず全問正解するようにがんばりましょう。ただし、すべてをスクリプトで確認するというのは避けてください。あくまでも、自分の耳だけで全問正解させるつもりで、わからないところだけを見るという姿勢が大切です。

> **採点・復習**
>
> ■ Step 3 が終わったら、ステップごとに採点
> ■ 自分の問題点を確認する

　ステップごとに採点し、集計します。スクリプトを見ながら、すべてを聞き直して、聞き取れたと思っていたものの聞き取れていなかった箇所がないかどうか、確認してください。

　Step 1 と Step 2 のスコアを比べて、Step 1 のほうが著しく低い場合、1 回で理解するという能力に欠けている可能性があります。少し簡単な教材を使って、必ず 1 回で理解するという練習をしましょう。

激伸びのコツ
リスニング

　Step 2のスコアがよくない場合は、聞き取る能力にも問題がある可能性があります。単語はきちんと聞き取れていますか。もし単語の聞き取り自体ができていないようであれば、ディクテーションなどをして、認識できる単語の量を増やすことが必要です。

　Step 3の段階では、聞き取れない箇所だけとはいえ、スクリプトまで見ているのですから、ほとんど全問正解になっているはずです。この時点で、間違った問題がある場合、リスニング能力というよりも、英文を理解する力が足りなかったということが考えられます。

　その場合、リーディングで、英文を正確に理解する練習をしてください。また、スクリプトを参照して間違えた箇所は、スクリプトをリーディングの練習のつもりで熟読して、正しい答えが導き出せるようにしておきましょう。

リーディング　激伸びのコツ

100％の情報を入手する

　英文を読んで1回で理解できず、何度も繰り返して読んだり、途中で数単語ほど戻って読み直したりすることは、誰でも経験のあることだと思います。しかも、簡単な英文でも戻り読みや2回以上読まなければ正しく理解できない、という悩みを抱えている人も多いようです。

　じつは、その原因は非常にシンプルで、

> 1回で100％の情報をセンテンスから入手していない

ということにつきます。

　ここでいう情報とは、単語の意味だけではなく、文法や構文の情報など、文全体の意味を構成するのに必要なものをすべて含みます。これらのすべてを一度でつかめば、理解しながら読み進められます。

　しかし、1回目に読んでいるときに、60％程度の情報しか取れないとすると、だいたいの意味しか取れません。きちんと理解しようとすると、もう一度文頭に戻って読み直さなくてはなりません。2回、3回と繰り返す必要があるかもしれません。

　つまり、1回で取りこぼす情報が多すぎるために、100％の情報を得るには回数を重ねなければいけなくなる状態です。たっ

激伸びのコツ
リーディング

た数語でも戻って読み直すというのは、最初に読んだときに取るべき情報を取りこぼしていることに変わりありません。

それでは、1回読んだだけできちんと理解するためには、どうすればよいのでしょうか。じつは、これもまた簡単な話です。1回目ですべての情報を把握すればよいのです。

100％の情報を1回でつかむためにまず大切なのは、**「何をつかまなければならないのか」を把握する**ことです。どんな情報がそこにあって、何に注意しなければならないのかがわかっていないと、たとえ懸命に読んでもそこに注意が向かず、つかみ損ねてしまいます。

そこで、まずは何を把握しないといけないのかを考えていきましょう。

「単語集に載っている単語」以外に目を向ける

「単語集に収録されている単語」とは、英文を理解するうえで重要な意味を持つ名詞・動詞・形容詞・副詞などの原形のことです。

例
examine, industry, available, fortunately …

文の意味を取ろうと意気込んでいる場合には、この種の単語の意味を考えるのに一生懸命で、その結果、それ以外の単語や文法情報まで気がまわりにくい状態に陥りがちです。

確かに、こういった単語は内包している情報量が多いので、きちんと読まなければなりません。しかし、それだけではいつまでたっても「だいたい」にしか意味が取れないのです。

たとえば、次の例を見てください。

> The vice presidents of his company learned English every day.

灰色の部分が、「単語集に載っている単語」ですが、この部分にしか意識が向かないと、

副社長、会社、学んだ、英語、毎日

しか、頭にないことになります。「複数の副社長」の話とか、「彼の会社」の話であることを取り損ねてしまったり、every day につられて、現在の話であると誤解したりします。

この1文だけでこれだけの誤解をすれば、1パラグラフ、1ページ読む頃には、相当の誤解やあいまいな点があっても仕方がありません。したがって、名詞や動詞、形容詞以外の、3単元の-s や、his、過去形の-ed などに、しっかり目を向けなくてはならないのです。

こうした見落としは、難しそうに見える単語や、覚えたばかりの単語を見たときに起こりやすくなるようです。

たとえば、"has deteriorated" と書いてあると、「あっ、"deteriorate" は先日覚えた単語で『悪化する』っていう意味だったな」と単語の辞書上の意味を考えるのに夢中になりがちです。その結果、時制も処理せず、それだけでわかった気持ちになって次の単語に目が移ってしまうというようなことが、実際によく起こるのです。

激伸びのコツ リーディング

「文法書に説明がある単語」を見落とさない

文法書で説明されている単語というのは、英文を理解するために必要なだけでなく、処理の仕方が難しかったり、キーとなる働きをするものが多くあります。

> **例**
> 前置詞：in, on, with …
> 冠詞　：a, an, the
> 代名詞：she, each, one, something …
> 接続詞：because, when, after …
> 疑問詞：who, where …

たとえば、industry という単語は、文法書の例文には使われるかもしれませんが、単語自体の説明があるわけではありません。

しかし、who や where といった疑問詞、because や when などの接続詞、each や something などの代名詞、can などの助動詞といった単語は、文法書でその単語の使い方まで説明がされています。こういった単語は、一見すると前項で説明した「単語集に載っている単語」ほど、重要そうな意味を持たないように見えたり、目に入れただけでわかった気になるので、英文を読んでいるときも見落としがちです。そのために、きちんと注意を向けることが必要なのです。

「単語の活用部分ならびに時制・態」に気づく

文法的な情報を表すために、変化させられている単語や時制・態には多くの情報が含まれています。

> **例**
> 名詞の複数形：book**s** …
> 動詞の活用：**to** work, work**ed**, work**ing** …
> 比較級・最上級：small**er**, small**est** …
> 時制：**was** study**ing**, **will** study …
> 受動態：**was** repair**ed** …

たとえば、study という動詞の-ing 形である studying を考えてみましょう。

studying の意味を考えるには、元の study の意味だけ考えていてはダメで、なぜ-ing 形が使われているのか、またそれによってどのような意味になるかを考える必要があります。それを考えないと、-ing 形が付加するはずの意味を取り損ねることになり、その分だけ、あいまいにしか文意が理解できなかったり、誤解したりします。

study という単語は簡単なので、studying となっていても、まだ-ing 形に注目する余裕があるかもしれませんが、難しい単語が使われていると、その単語に目がくらんで、-ing 形が持つ意味に気づきにくくなりがちなので、要注意です。

激伸びのコツ
リーディング

目には見えない文法情報に目をこらす

　前項で説明した「文法書に説明のある単語」や「単語の活用部分ならびに時制・態」は、気づきにくいかもしれませんが、文中の形としては「目に見える文法情報」といえます。

　一方、文字として目には見えないけれども、文全体の構造や意味などから把握しなければならない、いわば「目には見えない文法情報」にも気をつけなくてはなりません。

> 例
> 語順、文型、同じ形で複数の意味を持つ文法項目の選択
> 副詞や形容詞の修飾先

次の例文を見てください。

He found the interesting magazine.
　　　　　　　　「彼はその興味深い雑誌を見つけた」
He found the magazine interesting.
　　　　　　　　「彼はその雑誌を興味深いと思った」

　この2つの例文は、使われている単語はまったく同一ですが、意味が大きく異なります。

　上の例文は、S+V+O「SはOをVする」という文型で作られており、the interesting magazine でひとつの名詞として目的語になっています。下の例文は、S+V+O+C「SはO＝C

であることをVする」といった感じの意味になる文型で、the magazine と interesting はそれぞれ別のパーツを構成しています。ですから、ひとまとめにして「おもしろい雑誌」とは取れません。ここでは、「彼はその雑誌を興味深いと思った」という意味になります。ところが、

　He found（the interesting magazine）.
　He found（the magazine）(interesting）.

　などと、カッコがあればわかりやすいのですが、そのような情報は目に見えるように書いていません。
　したがって、学んだ文法から自分の力で気がつかなければならないのです。「目に見える文法情報」なら、「will があるから未来形」とか「be＋-ing だから進行形」と、見えている情報から処理できますが、「目に見えない文法情報」はこれらとは異なり、ヒントとなるものが少なく自分で認識しなければなりません。ですから、よほど気をつけていないと取り損ねます。
　しかも、一生懸命に読もうとしているときほど、目に見えるものに集中しますから、目に見えない情報に注意が向かないということに陥りやすいのです。

　別の例として、副詞や形容詞の修飾先を考えてみましょう。
　次の例を見てください。

> I put the doll **in the box**.　「私は人形を箱に入れた」
>
> I like the doll **in the box**.　「私は箱にある人形が好きだ」

　前置詞句（前置詞＋名詞のセット）は、ひとつの長い副詞として動詞を説明したり、形容詞のかたまりとして名詞を説明したりします。問題は、「読みながらどれを説明しているのかをつかんでいるのか」ということです。

　たとえば、上記の例では、ともに in the box というパーツを使っていますが、それぞれに働きが違います。上の例文では、「箱に入れた」と、「入れた」にかかっていて、下の例文では、「箱にある人形」と、「人形」を説明しています。

　しかし、in the box がどこにかかるのかは、いずれの英文にも直接的な証拠がありません。文の構造やそれまでの文脈から、自分で判断しなければならないのです。これを判断せずに読み進めると、意味があいまいになったり誤解したりする原因となるのです。

　このほかに、目には見えない文法情報として注意すべきものに、**同じ形で複数の意味を持つ文法項目**というのがあります。

　たとえば、can や should などの助動詞を考えてみましょう。助動詞自体は目に見えますから、目に見える文法情報と言えます。

しかし、助動詞には複数の意味がありますから、助動詞が使われていると気がつくだけではダメで、「どの意味で使われているのか」を考えなければなりません。ところが、助動詞がどの意味で使われているのかというのは、目に見える確たる証拠がないのです。
　should には「～すべきだ」と「～するはずだ」という意味がありますから、

> Tom should be there.

という文は、「トムはそこにいるべきだ」「トムはそこにいるはずだ」の2通りに意味が取れます。しかし、これがどちらの意味か、それともそのほかの意味で使われているのかというのは、文脈や文の書き方などから自分で判断するしかありません。ですから、こういったこともきちんと考えながら読まなければならないのです。

激伸びのコツ
リーディング

読むスピードを遅くする

　ここまで見てきたように、英文というのはいろいろな要素から成り立っています。これらのすべてを処理しなければ、その分だけ情報を落とすことになり、それが誤読や理解不足、あるいは二度読みにつながるのです。

　そして、これらの情報をすべて把握するためには、さまざまなことを考えなければなりません。すべての情報を一度で把握するなんて、すごく時間がかかると思いませんか。

　そこで、思い出していただきたいのが、普段の自分の読むスピードです。じつは、**リーディングが苦手という学習者のほとんどは、読むのが速すぎるの**です。

　これは、意外に思われるかもしれません。確かに、リーディングが苦手な方は1センテンスを読んで理解するのも、1つの長文を理解するのも時間がかかるのかもしれません。しかしながら、私がここで申し上げている「読むのが速すぎる」というのは、1回目に読むスピードのことなのです。

　ここで、例をあげて考えてみましょう。

　1つのセンテンスを読んで理解するのに、1回読んでもわからず、あと2回読み直してようやく全文の意味がわかったという場合を考えてみてください。その場合、全部で3回読んだことになりますが、かかった時間が次のような内訳だったとします。

1回目	16秒	……今一つ意味が取れなかった
2回目	8秒	……だいたい意味が取れた
3回目	4秒	……完璧にわかった
合計	28秒	

　今度は、同じセンテンスを2度読みも戻り読みもせず1回で理解するという場合を考えてみましょう。現時点でのリーディング力が変わらない限り、3回読み直そうと、1回しか読まずにすまそうと、理解するのに必要な処理は同じですから、28秒かかるはずです。

1回目	28秒	……完璧にわかった
合計	28秒	

　これはどういうことかというと、自分の現時点でのリーディング力では、このセンテンスを理解するのに28秒かかるはずなのに、3回読み直す人は1回目に16秒と、本来なら必要な時間よりも12秒も速く読んだということです。そのため、その12秒の間に行うはずだった処理ができていないということです。これでは、ボロボロと情報を落として、何度も読み直す羽目になっても仕方がないと思いませんか。

　つまり、2度読み・戻り読みする人というのは、1回目に読むスピードが速すぎるのです。無理なスピードで読むから情報を取りこぼし、その結果読み直す羽目になるのです。

激伸びのコツ
リーディング

　したがって、**読むスピードを上げるためにまず大切なのは、読むスピード落とす**ということです。そして、その代わりに必ず一度で理解するというクセをつけてください。そのうえで、28秒かかっていたものを、27秒、26秒と速くしていくのです。

◆ できる限り大きなまとまりで考える

　さて、一度で正確に読むために、もうひとつ大切なことがあります。できるだけ大きなまとまりで考える、ということです。
　英語では、それぞれの単語がいくつか集まって、ひとつのかたまりを作っています。

the young man
冠詞　形容詞　名詞

3つの単語でひとつの大きな名詞のかたまりを作っている

who came here today
関係詞　動詞　副詞　副詞

4つの単語でひとつの大きな形容詞のかたまりを作っている

↓

the young man who came here today
「今日ここに来た若い男性」

7つの単語でひとつの大きな名詞のかたまりを作っている

リーディングが苦手な方ほど、個々の単語に意識を向けるあまりに、このかたまりをバラバラに崩す傾向があるようです。
　確かに、どんなセンテンスも単語の集合体ですから、ひとつひとつの単語に気をつけることは大切なのですが、頭の中でバラバラになると、単語と単語の関係が認識できなくなります。その結果、単語の意味はわかるものの、文意が理解できないという結果になります。

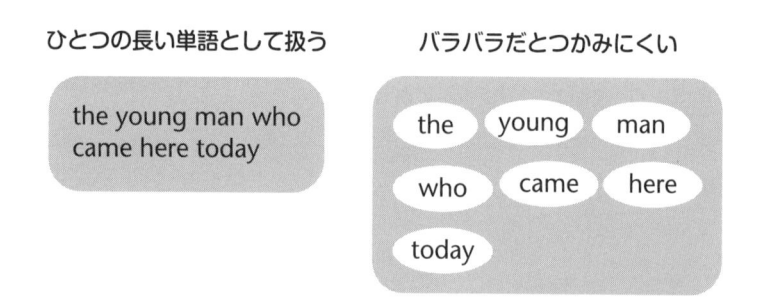

ひとつの長い単語として扱う

> the young man who came here today

バラバラだとつかみにくい

> the　young　man
> who　came　here
> today

　そこで、個々の単語に注意しながらも、できるだけ大きなまとまりにして、**そのまとまりがまるでひとつの単語であるかのようにとらえる**ように心がけてください。
　リーディングが得意な人ほど、より大きなかたまりで文全体が見渡せます。個々の単語に注意しながらも、同時に大きなかたまりで考えるように心がけましょう。

激伸びのコツ
リーディング

戻り読みしないクセをつける

2度読み・戻り読みをしないためには、すべての情報を1回でつかみながら読み進めなければならないことを説明しました。

そのための練習として私がおすすめするのは、紙を使ったセンテンス・トランスレーションです。これは、名刺大の紙を左手に持ち、英文を読みながら、読んだところを紙で隠していき、文末まできたら英文を伏せた状態で意味を言うという練習です。

次の図のように読んだところから紙で隠していくので、戻り読みする余地がないのがポイントで、強制的に理解しながら読み進めることになります。

```
すでに読んだ箇所    今、読んでいる箇所
    ↓               ↓
[The book which] I bought yesterday was interesting.

────────────→
読んだところから隠してい
く。紙を戻してはいけない。
```

実際に試してみましょう。メモ用紙の切れ端でかまいませんので、紙を用意してください。そして、次の例文をこのやり方で読んでみましょう。

あくまでも、「読みながら理解していく」という姿勢でやってください。また、これまで見てきたように、100%の情報を1回

でつかむということ、スピードを落としてもかまわないということも、忘れないでください。

　一気に読むというよりも、数単語のかたまりごとの切れ目切れ目で止まって、整理しつつ、前に書いてあったことを後ろに連れてくるつもりで読むとうまく読めます。

　では、どうぞ。

I hadn't had much excercise recently and was putting on some weight, so I decided to walk my dog to the park after dinner.

walk「〜を散歩に連れて行く」

　読めたら英文を伏せて、内容を口に出してください。そして、以下の訳と比べてみましょう。

私は最近あまり運動をしていなくて、体重がちょっと増えてきていたので、夕食後に公園まで犬を散歩させることにした。

　いかがでしたか。この練習を行うときには、次のことに注意してください。

激伸びのコツ
リーディング

1. 読みながらイメージする

単語と文法ばかりに気を取られていると、イメージとして頭に残りません。必ず、イメージや印象に転化するように心がけましょう。

2. 情報量は雪だるま式

気合を入れて読めば読むほど、目に入っている箇所だけのことを考えがちです。しかし、本来は読み進めば進むほど、把握している情報や理解している文意は雪だるま式に増えていくはずです。

すでに読んだ部分の情報や意味を、読みながら「うしろに連れていく」ような感覚で読みましょう。

3. 前をヒントにうしろを読む

前から理解しながら読み進めるということは、読んだところまでをヒントに、次の箇所を読むことができるということです。

目に入っている箇所の意味を理解するのに、そこにばかり気が向いていては、せっかくのヒントを無駄にします。すでに読んだ箇所は、次の箇所のヒントというつもりで、フル活用しながら読み進めてください。

4. 心の視野を広く

実際に目に入るのは1～2語ですが、心の視野は広く取ってください。たとえば、次の例文を見てください。

すでに読んだ箇所
↓

I asked the woman sitting behind the front desk

<u>to tell</u> me where the conference room was.

「私は、受付の机に座っていた女性に、会議室はどこか教えてくれるように頼んだ」

この文で、to tell を見たときに、なぜ to 不定詞が使われていて、どういう意味になるのかを考えなければなりません。しかし、to tell を見ているときには、当然 desk 以前は目に入りません。

そのときに、「この to tell は asked とセットになって、ask＋人＋to do『人に～するように頼む』という構文になっている」と気がつくか、ということです。つまり、すでに読んだ箇所とリンクできなければならないのです。

この例文のように、リンクしている部分が遠く離れている場合は、1回で気がつきにくく、その結果、戻り読みや2度読みをしなければならない原因になりがちです。目に入るのが1単語でも、心の目で文全体の構造を把握しておいてください。

5. 読んでいるところまでは理解できているつもりで

次の日本文と英文を見てください。

> 私はメアリーと図書館に行く途中で、その喫茶店に行った。
>
> I went to the coffee shop on my way to the library with Mary.

両方とも同じ意味ですが、日本文のほうは、文末の「行った」まで読まなければ何をしたのかがわかりません。ところが、英文は 2 語目の went まで見れば少なくとも「行った」ということがわかり、to the coffee shop まで見れば、そこでピリオドが打たれていても文として完結します。

つまり、基本的に英文は S+V から始まるのですから、S+V が出てきたあとは、読んでいるところまでは理解できていなければならないのです。そこで、読んでいるときには、切れ目ごとに「この時点でピリオドがあったとしても大丈夫なくらい理解できているか」と確認しながら読み進めてください。

たとえば、上記の例文なら、on my way で完結していても、「途中で喫茶店に行った」というちゃんとした文として成り立ちますし、to the library で文が終了していても問題ありません。文末の with Mary まで読まなければ文意がまったく取れないという構造にはなっていません。

ですから、「文末を読むまで、その意味がわかるかどうか判断

できない」という読み方はしないでください。

リーディング激伸びへの 3-Step メソッド

リーディングの問題集を使って練習する場合も、同じ問題を3回異なる方法で解く 3-Step メソッドがとても有効です。リーディングでの具体的な段取りは次のとおりです。

> **Step 1** | 制限時間あり＋辞書・文法書なし
>
> - 制限時間内に、自分の力だけで問題を解く
> - 長文なら、1週間にひとつから数個が目安
> - 無理やりにでも最後まで解く

Step 1 は問題集で決められている制限時間内に、辞書や文法書などを一切見ずに、自分の力だけで解く練習です。次の Step 2 と Step 3 でかなり時間がかかりますので、よほどリーディングが得意でない限り、あまりたくさんの問題を一度にやらないようにしてください。長文の数でいうと1週間にひとつから数個程度が限度でしょう。

スピードをつける練習ですから、時間が途中でなくなって、最後の数問を設問も読まずに適当に解いたということのないように、無理やりにでも最後までやってください。

Step 3 が終わるまで採点はしないでください。どれだけ正答したのか気になるところでしょうが、答えがわかってしまう

と、このあとの練習の効果が薄れます。また、答えはそれぞれのステップごとに別々に書いてください。

> **Step 2** | 制限時間なし＋辞書・文法書なし
>
> ■ どんなに時間がかかってもいいので、自分の力だけで正答にたどり着く
> ■ 長文の意味も完璧に理解することを目指す
> ■ わからない単語の意味は文脈から推測する
> ■ 数日にわたってやり続ける

Step 1 が終われば、Step 2 に入ります。

どんなに時間がかかっても結構ですので、自分の力で全問正解して、さらに長文の意味も完璧に理解することを目指してください。

Step 1 では時間内に解くために、かなりの無理をしていると思いますから、途中で読み間違えたり、深く考えないうちに解いた問題もあるでしょう。こういったところを中心に、もう一度深く考えてください。

また、途中で知らない単語や理解できない文が出てきても、辞書を引いたり文法書などを見たりせず、あくまでも自分の力でなんとかしようとすることが大切です。知らない単語が出てきた場合は、文脈から意味を推測し、次の Step 3 のときにどれくらいその推測が合っているのか辞書で確認しましょう。

Step 2 は数日にわたって行ってください。基本的な読解力の底上げには、難しいところを何日かにわたって考え続けると

いうことが必要です。

また、p.140で述べたとおり、難しくて意味が取れないところがあっても、「多分こうだと思う」という自分なりの結論を出しましょう。

> **Step 3** ｜ 制限時間なし＋辞書・文法書あり
>
> ■ 辞書や文法書を使って、細かいところまで読み込む
> ■ 推測した単語の意味を確認する
> ■ ひたすら全問正解を目指す

Step 2で、長文の意味を深く考え、知らない単語の意味も文脈から推測し、設問も全問正解だろうと思えるところまできたら、続いてStep 3に入ります。

ここでは、設問に全問正解するだけでなく、辞書と文法書を使って、さらに長文を細かいところまできちんと読むことが目標となります。Step 2で推測した難しい単語の意味をどの程度正しく当てられたのかも確認してください。

> **採点・復習**
>
> ■ ステップごとに採点、得点を比較する
> ■ 自分の問題点を確認する

Step 3が終われば、ステップ別に採点します。それぞれの得点を比べてみてください。

激伸びのコツ
リーディング

　Step 1 のスコアが、Step 2 のスコアと比べて著しく低い場合は、スピードに問題があるということです。1回で理解する練習を積んで、スピードを向上させるようにしてください。

　Step 2 のスコアは、読むスピードに問題がなければ取れる得点です。Step 1 と Step 2 のスコアにそれほど差がなく、しかも Step 2 のスコアがあまりよくない場合は、時間をかけても独力では解けない問題が多いということです。ですから、スピード不足というよりも、基本的な読解力に問題がある可能性が考えられます。

　また、Step 3 と比べて著しく低い場合は、辞書があればかなりスコアが上がるということですから、ボキャブラリーに問題がないか確認してください。

　Step 3 は、辞書を使って、時間無制限で解いていますので、本来なら全問正解かそれに近いできになるはずです。

　もし、この段階での得点が低い場合は、辞書や文法書を使っても意味が取れないということですから、基本的な読解力に加え、文法・構文力にも問題があることになります。個々の単語からだけではなく、文法・構文が持つ情報をきちんと認識しながら読んでいるか、またはどんな文法や構文が使われているのか認識できているかどうかを確認してください。

　いずれにしても、正答数に一喜一憂するのではなく、長文の意味が完全に理解できているかどうかの確認を、必ずしてください。

スピーキング激伸びのコツ

❯ ネイティブとの会話にこだわらない

　第2章で書いたとおり、伸ばしたい能力は、その能力を使って練習しなければなりません。したがって、スピーキング力を伸ばすためには話して練習することが必要です。

　しかし「英語が話せるようになりたい」と考えている人でも、自分の英語の練習時間に占める「話す練習」の比率は、非常に少ないのではないでしょうか。

　そこで、まずは英語を話す量を大幅に増やすことから始めましょう。

　とは言っても、「英会話学校にも行っていないし、ネイティブスピーカーの知り合いもいないから、話す機会がない」という方も多いと思います。が、心配は不要です。**スピーキングの練習は、必ずしもネイティブスピーカーと話をしなければならないわけではない**のです。

　確かに、多くの人が「スピーキングはネイティブスピーカーに習うべき」といった先入観を持っているように感じます。

　しかし、よく考えてみると、スピーキングの練習というのは、自分が言いたいことを英語に変換し、それをできるだけスムーズに、そして正確な発音で口に出すことです。つまり、自分の口から英文を出すまでが練習なのですから、相手は必ずしもネ

激伸びのコツ
スピーキング

イティブスピーカーである必要はないのです。極論すれば、独り言でも、壁に向かって話しても、自分が本当に話しているつもりで英文を口に出していれば、OK なのです。

　もちろん、英会話学校でレッスンを受けて、ネイティブスピーカーの講師と話すのは効果があります。独り言を言うより、いい練習かもしれませんし、ネイティブスピーカーとのレッスンだからこそ得られるメリットもあるでしょう。
　しかしながら、1回50分や60分のレッスンを、週に1回とか2回受けるだけというのは、いくらなんでも少なすぎると思いませんか。
　ところが不思議なことに、「リスニングは毎日ちょっとずつでも聞かなきゃ」と、少しでも毎日聞こうとする人は多いのに、スピーキングの場合は、週1回のレッスンで上達させようと思っている人が多いように感じます。
　スピーキングがどれだけ伸びるのかは、**単純に口に出したセンテンスの数で決まる**と考えてください。

　逆に言えば、ネイティブスピーカーと話をしても、自分が口に出したセンテンスの数が少ないと伸びない、とも言えます。たとえば、ネイティブスピーカーと長い間会話をしても、自分が口に出したのが、"That's great." "Oh, really?" といった、相づち程度であったら、何時間話しても、自分の話した量はきわめて限られます。その結果、話をしたわりに伸びない、ということになるのです。
　英会話のレッスンでは、受講していること自体に満足せず、

毎回、**レッスン中に自分が口に出したセンテンスの数を数えるくらいの意気込みで**、話す量を増やそうと心がけましょう。

ここでは、英会話のレッスンやネイティブスピーカーと話す以外に、日々の生活の中で「とにかく英語を話す」という練習方法を紹介していきましょう。

練習仲間と話す

■ 同じ英語力レベルの仲間と英語だけで会話をする
■ 無理にでもセンテンスを作って口に出す
■ おしゃべりでも、次回のテーマを決めて話し合うのもよい

英語の練習仲間を見つけて、英語だけで会話するという練習です。同じくらいのレベルの人同士のほうがやりやすいでしょう。「じゃあ、これから1時間は英語だけで会話ね」と、時間を区切ってもいいですし、直接会わなくても電話でもできます。最近は、インターネットを使って、パソコン上でほとんど無料で会話することもできますので、非常にお手軽です。

日本人同士で英語で話す場合は、最初は気恥ずかしさがあって話しにくいかもしれません。しかし、これはカラオケで1曲目を歌うのが気恥ずかしいのと同じで、心理的に抵抗があるのは最初の5分くらいです。あとは、もう慣れてしまって、話すことに熱中するはずです。

この練習のいちばんの利点は、**大幅に話す量が増える**ということです。レッスンだと、「これが言いたいの？」とばかりに先

激伸びのコツ
スピーキング

生が助け船を出してくれます。そうすると、「自分で無理にでもセンテンスを作って口に出す」ということをしないですみ、口に出すセンテンス数が少なくなります。

一方、同じレベルの日本人同士だと、自分が言えないことはたいてい相手も言えないので、自分で何とかするしかありません。また、こちらが話し終わるまで聞いてくれると思いますから、あせらずに最後まで話す気になります。「ちょっと長い文も作ってみよう」という気にもなるでしょう。

さらに、何と言っても、レッスンが無料であるということは魅力です。ただ、仕切ってくれる先生がいないので、ある程度自分が自発的に話し続けようとする姿勢が必要です。ずっと聞き役になっても上達しません。

話すことは、他愛のないおしゃべりでもかまいませんし、毎回の練習ごとに次の回のトピックを決めておいてもいいでしょう。それについて話す準備をすると、ボキャブラリーもぐんと増えます。

独り言を言う

- 言いたいことを実際に口に出してみる
- 誰かと話しているつもりになりきる

自分が言いたいことを実際に口に出してみる練習です。
頭の中で作った文を、単に口に出してみるということではな

く、「誰かと話している」ということが前提です。実際の会話を強くイメージして、本当に「話す」ことが大切です。

この練習はどれくらい話しているつもりになっているかが大きなカギを握ります。

独り言を言うことに気恥ずかしさを感じたり、単にボソボソと口に出すなどということのないようにしましょう。あくまでもイメージトレーニングのひとつですから、**自分が「その気」になっていないと効果が半減**します。はたから見て、本当に誰かと話しているのではないかと思えるぐらいにしてください。

実際にどのように独り言を言うかというのは、次のパターンが考えられます。

1. 誰かと想像上の会話をする

誰かと話しているところを想像して、自分の台詞を英語で言う練習です。必ず誰かをイメージして、その人に向かって話すようにしてください。

2. 1日の出来事を振り返って説明する

ある1日の出来事を振り返って、したこと、起こったことを順番に英語で説明する練習です。できるだけ事細かに説明しましょう。あくまでも誰かに向かって説明しているというイメージは強く持ってください。

激伸びのコツ
スピーキング

3. 日本語で話したことを英語にする

その日、実際に自分が日本語で言ったことを思い出して、それを英語にする練習です。家族や友人、同僚や上司と話したことを思い出して、そのときの自分の台詞を英訳して口に出してみましょう。

4. 何かの題を考えて、スピーチする

たとえば、「今までの人生で、最もうれしかったこと」などと題を決めて、それについてスピーチする練習です。

5. 目に見えるものをかたっぱしから描写する

目に入ってくるものをとにかくかたっぱしから英語で描写する練習です。英語で言えなければならないので、ボキャブラリーの練習にもなります。

6. ドラマや DVD など日本語を訳して口にしてみる

自分が見ている日本語のドラマの台詞、DVD の字幕を英訳して口に出してみるのもいい練習です。とくに、DVD の字幕は、もともと英語の台詞だったものを日本語にしているので、自分がその字幕を見て英文に直して、元の英文と比較するのはとても参考になるはずです。

もちろん、以上に紹介した練習が、完全にネイティブスピーカーとのレッスンに置き換えられるというわけではありません。あくまでも、ネイティブスピーカーと英語を話す機会がなくても、スピーキング力を激伸びさせようという方法です。
　次の図を見てください。

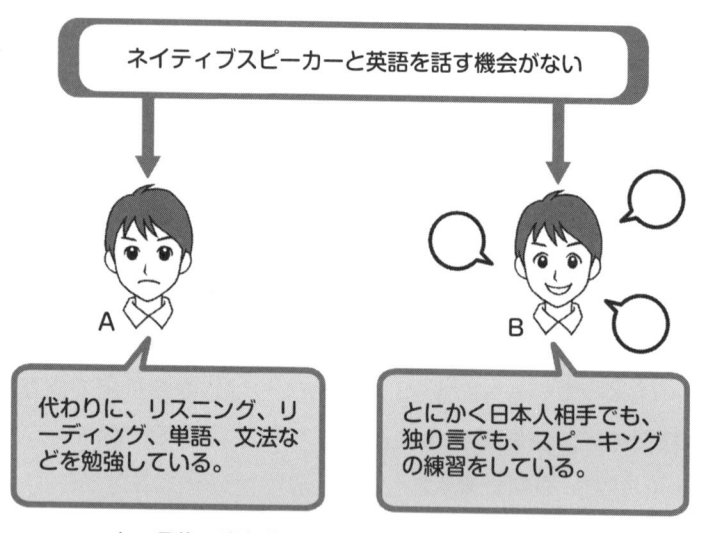

ネイティブスピーカーと英語を話す機会がない

A
代わりに、リスニング、リーディング、単語、文法などを勉強している。

B
とにかく日本人相手でも、独り言でも、スピーキングの練習をしている。

1ヵ月後、半年後、1年後にスピーキング力の伸び率が高いのはどちら？

　ネイティブスピーカーと話す機会がないとき、Aのように、代わりにリスニングやリーディング、単語、文法をがんばっていけば激伸びするか、それとも、日本人相手でも独り言でも、とにかく英語を話す量を増やしたほうが激伸びしやすいか、どちらがいいのか、ということです。
　確かに、リスニングやリーディングなど、スピーキング以外

の練習をしていても、スピーキング力も連動して上がります。しかし、話せるようになるためには、やはり話して練習するほうが、はるかに効率がいいのです。

そのために、**どんな手を使ってでも英語を話す**ということが大切なのです。スピーキング力が伸びないという方は、今一度、自分の練習時間の内訳を見直してみてください。

あらかじめ台本を用意しておく

スピーキング力を劇的に伸ばすためのもうひとつの方法としておすすめしたいのが、「話したいことを最初から英語で用意しておく」ということです。

あらかじめ、**何を話すことになるのかを予想して、それを英文で書いて、何度も何度も口頭練習しておく**わけです。そうすれば、実際に英語を話しているときに、そのトピックになれば、「そらきた」とばかりに、用意したものを使って、ペラペラと話すことができるというわけです。

もちろん、台本を用意しておいても、そのトピックにならなければどうしようもありません。用意したもの以外の話をするときには、普段どおりの実力ということで、ボロボロかもしれません。しかし、台本を少しずつ増やしていって、たとえば、50個とか100個になったら、用意したものに遭遇する確率は、ものすごく多くなるはずです。

スピーキングというのは、即興というか、その場で自在に文

を作りながら口に出すことです。ですから、あらかじめ原稿を用意しておくというのは、練習の趣旨が違うように思われるかもしれません。

しかし、「覚えて暗唱する」ということだけを取り上げて、「真のスピーキング力にはつながらない」と短絡思考的に考えないでください。台本での練習は、その台本の英文だけがうまくなるわけではありません。そこで使った構文や文法、ボキャブラリーがそれぞれ身につき、別のところでも流用できる可能性が高くなるのです。

したがって、台本を覚えることだけに集中せず、台本を書く際に使った能力を、別の機会に使うという姿勢で練習しましょう。

用意する台本は、話す機会がありそうなものであれば何でもかまいません。

たとえば、冬休みや夏休みのあとに、英会話のレッスンや、外国人の同僚と話をするときには、きっと「休みはどうだったか」という話になりますね。ですから、その答えを数センテンスほどの長さにまとめて用意しておけば、普段のスピーキング力よりもはるかに流暢に、そしてきれいな英語を話せるはずです。

段取りとしては、あらかじめ何について話すのかを決めて、それを英文に直して書きとめます。

書くのはライティングの練習も兼ねるのですから、「通じればいい」ではなく、辞書や文法書を使ってできるだけ正確な英語で書きましょう。

また、あくまでも「台本」ですから、台詞として書き、話すと

激伸びのコツ
スピーキング

きには使わないような難しい単語を避けるようにしてください。それほど長い文でなくてもかまいませんから、数センテンス使って、ある程度話し続けられるような長さにしましょう。

　ひと通り書き終わったら、ケアレスミスのないように自分なりにきちんと見直してください。

　そして、これでOKと思ったら、台本を覚えます。必ず、実際の会話で話しているところをイメージしながら、何度も口頭練習してください。**単なる暗唱ではなく、俳優が台本を覚えるかのように、自分の言葉になるまで反復する**ことが大切です。

　練習中に台詞を忘れても、すぐに台本を見るのではなく、"you know"とか"well"など、適当につなぐ言葉を入れてください。

　決して、台詞をガチガチに固めないようにしましょう。忘れたら適当にアドリブで切り抜けるという姿勢で取り組んだほうがよっぽど効果的です。

　この練習は、書いて覚える段階から練習が始まっており、どうやって覚えたかも、効果に大きく作用します。「英文を覚える」ということだけに目が向いて、ただの丸暗記に走らないように注意しましょう。これもまた、頭の中で何をやるかの違いになります。

　準備ができたら、あとはひたすら実践で使って磨くだけです。英語を話しているときに、会話の方向が用意したトピックにならなくても、自分からその話に振るなどして、積極的に使ってください。「用意したものを暗唱している」というそぶりは一切

見せないようにしましょう。あくまでも、「今センテンスを作りながら話している」という感じで、生き生きと話しましょう。

どれだけ練習しても、最初はぎこちなくて、どこか「暗唱している」という感じがするかもしれません。しかし、使っているうちにだんだん慣れてきて、場面に応じてアレンジができるようになり、最後には本当に自分の言葉となるはずです。

ほかの言い方で切り抜ける

英語で言いたいことがあっても、それが自分には言えそうもないことだと、話すのをやめてしまったり、途中で行き詰まってどうしようもなくなるということは、誰にでもあると思います。

そんなときにも、あきらめないでください。言いたいことが言えないからといって、挑戦しないままでは練習になりません。何とかして言えるように、工夫を凝らしてみましょう。

たとえば、

「メアリーは、自分に保険がかかっていないのでお父さんに車を運転することを許してもらえなかった」

ということを言いたい場合を考えてみましょう。

このうち、「許してもらえなかった」とか「保険がかかっていない」をどう言っていいのかわからなかったとします。そのときに、「『許す』って何だっけ」とか「『保険』って何て言うんだろ」と思い悩んでも、時間がむなしく過ぎていくだけです。

激伸びのコツ
スピーキング

　瞬時に出なかった場合はすぐにあきらめて、ほかの言い方を探してください。
　たとえば、上記の「許してもらえなかった」の部分は、「許す」という言葉を使わなくても、

Mary's father told her that she couldn't drive his car.
「メアリーのお父さんは、自分の車を運転してはいけないと彼女に言った」
Mary's father said to her, "Don't drive my car."
「メアリーのお父さんは、『私の車を運転するな』と彼女に言った」

と言えば、相手には理解してもらえるでしょう。
　「保険がかかっていないから」は、

because she wasn't covered by the car insurance
「なぜなら、彼女は車の保険でカバーされていないから」

となりますが、insurance「保険」を知らない、または瞬時に思い出せないなら、無理に思い出そうとする必要はありません。ほかの言い方で、同じ内容のことを言えないか考えましょう。
　たとえば、

because if she had an accident while she was driving his car, he couldn't receive the money to repair the car
「お父さんの車を運転していて事故にあったら、彼は修理代を受け取れなくなるから」

と言えば、「保険がかかっていない」と同義ではなくても、推測してもらえるはずです。

　大切なことは、完全に同じ意味のことを違う言い方で考えるのではなく、**こちらの言いたいことを相手が推測できるくらいに表現できればそれでかまわない**ということです。

　スピーキングが上手な人がペラペラと話しているのを見ると、「思ったことを思ったように何でも言えるのだ」と思いがちですが、必ずしもそうではありません。言いたいことが難しいと思ったときに、別の言い方を考えて、何とか言いたいことを伝えるのがうまいのです。

　したがって、普段から言いたいことを言える練習だけではなく、**言えなかったときに、何とかするという練習が必要**なのです。

　「言えないことは言わない」という姿勢では、この練習の機会を失ってしまいますので、どんどん挑戦していきましょう。

❯ 時間をかけずに口に出す

　スピーキングの練習中は、自分が作る英文の質だけではなく、流暢さも重視して英文を口に出すようにしてください。

　スピーキングが苦手な方によく見られるのですが、「このひとつの文だけで、相手を完璧に理解させなければならない」という気持ちになって、ちゃんとした英文を作ろうとする意識が強すぎないでしょうか。そのあまり、頭でよく考えてからしか英語が出なかったり、何度も言い直したりすることになります。

激伸びのコツ
スピーキング

しかし、何度も言い直したり、やたら時間をかけたりしていては、相手は会話についていくのが大変です。

日本語で考えてみてください。

「明日、何か予定あるの」

ワタシガ…、チガッタ、ワタシハ…、トモダチニ、ジャナイ、ト…、チカイ、チカクノテニスコートニイク、イカ、イッテ…、テニスガスル…、テニスヲスル、シマス
(私は友達と近くのテニスコートに行って、テニスをします)

A ➡ 言うのに20秒かかった。

ワタシ、イク、トモダチ、チカク、テニスコート、スル、テニス

B ➡ 5秒で言えた。

口に出したセンテンスを比べた場合、Aのほうが日本語としては正しい文と言えます。しかしながら、コミュニケーションの手段としては、必ずしもAがよいとは限りません。

「私は友達と近くのテニスコートに行って、テニスをします」といった簡単な文なら、言い直してまで正しい文にしなくても、Bのように単語の羅列に近いものでも充分理解できます。しかも、聞いているほうからすれば、理解さえできれば、正しいかどうかなどどうでもよいのですから、さっさと言ってもらったほうがありがたいと思いませんか。理解できなければ聞き返せば

いいだけですし、話している間中、これが延々と続くとうんざりします。

つまり、**実際の会話ではどれくらいスムーズに口に出したかも重要**なのです。

したがって、スピーキングの練習の際には、いかに正確な文を作るかだけではなく、いかに時間をかけずに口に出すかということにも取り組まなければなりません。

だからといって、英文をすばやく出すために短い文で答えてばかりいても、上達はしません。それでは、会話を流すのがうまくなるだけで、長い文や一度に複数の文を話せるようにはなりません。

あくまでも、流暢さと質のバランスを考えてください。

流暢に話せるようになるために必要なのは、**「無理やりにでもすばやく出す」**という心がけです。

英語を話している最中は、どのように英文を作ろうかと必死だと思います。それでも、黙ってしまわずに、とにかく何か口に出そうとしてください。

そして同時に、**質より数で勝負するつもりで話しましょう**。パーフェクトな1センテンスを時間をかけて作るのではなく、下手で間違いだらけでもかまわないので、数多く口に出してわかってもらうというやり方です。

たとえ、間違いだらけで相手が理解できない文であっても、相手が理解できるまで、次の文また次の文と話し続ければいいのです。

激伸びのコツ
スピーキング

話している最中に間違っても、あまり気にしないでください。いちいち言い直すより、むしろ、**ミスをした分だけ余分に付け足すつもりで話しましょう。**

正しい英文を作ることにこだわって、ひとつひとつ直したところで、どのみちナチュラルではない英文であるという可能性も高いわけですし、相手がついていくのが大変です。

◆ レッスンの予習と復習で効果を上げる

スピーキング力向上のために、英会話学校に通っている方も多いと思います。確かに、英会話のレッスンは、有力な練習法ですが、単に受講するだけでは100%の効果を引き出しているとは言えません。

激伸びしようとするなら、レッスンの予習と復習が不可欠です。

予習でレッスンをスムーズに

スピーキングはその場で英文を考えながら口に出すという、いわば「即興」のスキルです。そのせいか、英会話のレッスンのときに「何も用意せず出席して、その場で学ぶ」という受講生をよく見かけます。

しかし、レッスンで学ぶことをあらかじめ家で練習しておくと、レッスンはよりスムーズですし、浮いた時間に余分に話す練習ができます。

自分の使っているテキストを見てください。家で練習できる

ところもたくさんあるのではないでしょうか。レッスンに出かける前に、以下のことを予習しておくと、効果が上がります。

❶ 文法

あらかじめテキストの文法の説明をじっくり読んでおき、必要があれば日本語の文法書を使って理解しておきましょう。そうすれば、先生の説明による時間のロスがなくなります。

さらに、自分でその文法項目を使った英文を作って口に出す練習をしておけば、より自分のものにしやすくなります。

❷ ボキャブラリー

辞書を引いて意味と発音を確認し、自分なりに正確に発音できるように練習しておきましょう。そのうえで、英→日、日→英の両方向で暗記し、使いこなせるように例文を作って口頭練習しておきましょう。

❸ スピーキング

ダイアログを使った会話の練習なら、あらかじめそのダイアログを家で徹底的に反復練習し、テキストがなくても余裕で暗唱できるようにしておきましょう。

質問に自由に答える場合も、1センテンスで答えるのではなく、数センテンスにわたって答えを用意しておいて、ペラペラと答えられるようにしてください。

激伸びのコツ
スピーキング

④ フリーカンバセーション

英会話のレッスンでは、たいてい最後に数分間、講師と自由に話すフリーカンバセーションの時間があると思います。そこで話すことをあらかじめ台本にして覚えておけば、すぐに実践で試せます。

復習で学んだことを自分のものにする

レッスンの復習は、できればその日のうちか、次の日までにやってください。レッスン中に習ったボキャブラリーや文法は再度確認して、きちんと覚えたうえで、いくつか例文を作って口に出し、そのセンテンスを身につけてしまいましょう。

言いたくてもうまく言えなかったことは、うまく言えるように独り言で練習をしてください。どう言っていいかわからなかったことがあれば、辞書を調べるなどして、次回に同じようなことを言う機会があったときには、スラスラと言えることを目指しましょう。

1回のレッスンを素材に、どれくらい自分で練習できるかが、英会話学校を活用するカギです。レッスンはあくまで、家で練習したことを出す場所という姿勢で臨んだ方がうまくいきます。高額な費用がかかるわけですから、最大限の効果を発揮できるようにしてください。

ライティング　激伸びのコツ

◆ 実際に書いて練習する

　ライティング力を伸ばすには、書いて練習することが最も大切です。まずは英文を書く機会を増やすことに努めてください。市販の英作文の教材を使う手もありますが、英文を書く機会が少ない方は、そのほかに次のようなやり方があります。

1. メールのやり取り

　英語でメールを書くという練習です。
　単なる英作文だと、自分が英文を書いてしまえばそれで終わりですが、メールは相手に読んでもらうためですから、より張り合いがあるでしょう。もし、メールのやり取りをするようなネイティブスピーカーの知り合いがいなければ、スピーキング編でも紹介したように、練習仲間と英語のメールを送り合っても結構です。
　練習仲間と英文メールを送り合う場合は、書いたメールをお互いに添削したり、「これはこう書いたほうがいいかもしれない」という意見を交換し合うと、より練習になります。
　他人の意見を聞くのも参考になりますし、自分が相手の英文を読んで、それが正しいのかどうかを考えるのも、英文を深く考えるきっかけとなり、役に立ちます。

激伸びのコツ
ライティング

　メールの内容は、普通のメールに書くような日常的な話題でもかまいませんし、慣れてくれば、お互いに題を出し合って、作文を書くことも、いい練習になります。

2. スピーキングの台本作り

　スピーキング編で、話すことをあらかじめ台本にして覚えるという練習法について書きました。台本を作るに当たっては、最初に書いて覚えるわけですから、これはライティングの練習も兼ねます。

　そこで、この台本作りをライティングの練習として取り入れていけば、スピーキング練習の下準備もできることになって、一石二鳥です。1週間に1～2個でもかまわないので、継続して取り組んでください。

3. 日本語→英語

　日本語を英語に訳す練習です。

　素材は、新聞や小説、雑誌など何でも結構です。自分が英語にしてみたいものを使ってください。

　手始めにおすすめするのは、自分が日本語で書いたメールです。人が書いたものを訳すよりも、より身近で、そして自分にとってはより使う機会が多いトピックや単語を含むことになります。

　このほかの素材として、長文の問題集を使うという手もあります。長文の日本語訳を見て、元の英文に戻すという練習に使

うのです。

　英文を読んで理解するよりも、日本語訳を見て英文に戻すほうが難しいので、少し簡単なリーディング教材から始めるとよいでしょう。

　英作文の苦手な方は、英文法の本に出てくる例文を使って英作文をしてみてください。例文のほうは紙で伏せて、その日本語訳だけを見て元の英文に戻すという練習です。
　文法の本に出てくる例文は、特定の文法項目を説明するために使われているのですから、どの文法項目を使って書けばいいのかがわかり、かなり書きやすくなるはずです。

4. 日記、スケジュール帳

　日記やスケジュール帳を英語で書くという練習です。
　これは、英語の練習のためだけに行うわけではなく、これらを書くこと自体が実用的であるという点で、比較的継続しやすい練習と言えます。
　ただ、日本語と同じように書こうとすると三日坊主になりかねないので、あまり無理に長い文章を書こうとしないでください。

　スケジュール帳を英語で書く場合、書くことが決まってしまうので、作文の練習にはならないこともよくあります。そこで、スケジュール帳の余白に、当日起こったことや感じたことを数行、日誌代わりに毎日書き込んでいきましょう。そうすれば、同じようなことばかり書かなくてもすみ、飽きないでしょう。

激伸びのコツ
ライティング

◆ ナチュラルな文を心がける

　英文を書いてネイティブスピーカーに添削してもらうと、「文法的には正しいのかもしれないが、ナチュラルではない」と言われることがあります。つまり、英文を書くときには、文法的に正しければそれでいいのではなく、結局はネイティブスピーカーが「おかしい」と思わない文にしなければならないということです。

　そのために、できる限りナチュラルな文を書くことを心がけましょう。書きながら必ず口に出して、語呂がいいか、滑らかに読めるか、読んでいるときに目が止まったりしないかなど、確認しましょう。ブツブツ言うだけでもかまいませんから、**自分の感覚をフルに使って感じ取ってください。**

　文法的に正しいかどうかは、「考えればわかる」ものです。しかし、書いた英文がナチュラルなものかどうかは、知識ではどうしようもありません。あくまで感覚的に「何か違和感がある」とか「これで大丈夫な気がする」といった、漠然とした感じです。

　実際にその感覚が当たるかどうかはともかく、こういったことを英文を書くたびに感じ取ろうとしてください。最初は、当てにならないかもしれませんが、そのうちに少しずつ、当たる回数が増えていくはずです。

全体の流れやスタイルも考える

　パラグラフ単位の長い文章を書くときには、個々のセンテンスの正しさだけではなく、全体的な流れも考えるようにしてください。文と文のつながりが意味的に不自然だったり、話の筋道が通っていなかったりしていないか、また、全体的に理解しやすい話の流れになっているかなどもよく考えましょう。

　丁寧さなどスタイルにも気をつけましょう。

　話しているときなら、表情や話し方、身振り手振りなど、言葉以外の手段で自分の言いたいことや感情を伝えられます。しかし、ライティングの場合は、文字以外の伝達手段がないので、誤解されることもあるため、要注意です。

　これは、ライティングが苦手な方にとっては難しいと思われるかもしれません。しかし、たとえ苦手でも、こういったことに気を遣って書こうとする姿勢を持つことが大切です。

　英語のうまさとは関係なく、気を遣って書いた英文というのは、それが相手に伝わるものです。

激伸びのコツ
ライティング

◆ 徹底的に見直し、手直し

　スピーキング力の向上には、話す機会を増やすこと、そして流暢に話せるようにすることを練習の柱としていました。一方、ライティング力の向上では、書く量を増やすことと、そして、徹底的に見直すことが練習の柱となります。

　基本的には、英文を書くのに使った時間の倍以上、見直しと手直しに時間をかけてください。

　スラスラと完璧な英文が書けるようになる前に、どれだけ時間をかけてもかまわないから、間違いのない英文を書けるようにならなければなりません。そして、高いレベルの英文を書きたければ、時間をかけてでも、できる限り自分なりに高いレベルの英文を書く練習をしなければならないのです。

　たいして悩みも考えもせず、書きっぱなしにして、また別の英文を書くというやり方だと、現時点でできることをおさらいするだけのようなものです。それでは、今より高いレベルで正確な英文を書けるようにするという点では、効率的とはいえません。

　ライティング力がどれだけ向上するかは、書いた量だけではなく、見直した量でも相当に左右されるのです。

　また、ライティングの場合はメールであれ、ビジネス資料であれ、自分が書いたその英文だけで、相手に正確に理解してもらう必要があります。相手が理解できずに聞き返してくることのないよう、1回で正確にわかってもらう必要があります。

　そのためにも、スピーキングよりも高い精度が求められるの

です。

　以上の点から、ライティングでは最初からミスをしないだけでなく、見直し能力というべき能力が、非常に重要です。

　なお、見直しは、英文を書き終わった直後だけでなく、数日おいてからも行ってください。
　日本語で手紙やメールを書いたとき、何度も見直したはずなのに、少し日をおいて見直すと、赤面するような誤字・脱字があったり、全体的な書き方に不満を感じたりすることと思います。母国語でもそういうことが起こるわけですから、外国語である英語ではなおさらです。
　少し日にちをおいてからのほうが客観的に見直せます。

激伸びのコツ
ライティング

間違いを前提に見直す

　実際に見直す際には、たとえば、冠詞をつけ忘れるとか、過去の話なのに現在形にしているなど、すでに自分がわかりきっているようなことを見落とさないようにしてください。

　見直すときには、「自分が書いた文のすべての単語は間違っているかもしれない」という前提で読み返しましょう。

　「多少間違いがあるかもしれないが、全体的には正しい」という意識がどこかにあると、たとえ見直しても、個々の単語にはそれほど集中できません。ケアレスミスや、思い込みによる間違いには気がつきにくいのです。

　すべての単語を疑ってかかることが必要で、そのうえで、ひとつひとつの単語について、「もしこれが間違っているとすれば、その代わりにどのように書くべきなのか」という視点に立って考えてください。

　ただ単に一生懸命に読み返すだけだと、「一生懸命に全体をぼーっと見る」とでもいうような状態になり、「何度も読み返している間に偶然に間違いに気がつくのを待つ」という消極的な見直しにしかなりません。

　とくに次の点に注意しましょう。

1. 時制

どのような文であっても、時制のチェックは必ずしてください。

ただし、日本語に訳して考えないように。あくまでも、いつ、どのようにその動作が行われているのかという視点で考えることが必要です。

また、3人称単数現在形の-sも、落としやすいので要注意です。

2. 名詞

すべての名詞について、単数形か複数形か、そして可算名詞なのか不可算名詞なのかの確認が必要です。

日本語から英文を考えているときには、ミスしていても気がつかないことが多い項目です。

3. 冠詞

必要な箇所に、必要な冠詞が使われているかどうかの確認と、つけてはいけないところに冠詞をつけていないかの確認もしてください。

4. 前置詞

どの前置詞を使うのかを考えるだけではなく、前置詞が必要なのかどうかも確認してください。必要のないところに入れると英文が不自然に見える原因となります。

激伸びのコツ
ライティング

◆ 客観的に読み直す

　どの単語でも、意味だけではなく使い方まで知っているのかを必ず自問して確認してください。

　たとえば、enjoy という動詞を考えてみましょう。enjoy は通例目的語が必要な動詞ですから、「とても楽しかった」というつもりで、

　　? I enjoyed very much.

と書くと不自然に見えます。

　本来なら、I enjoyed the party very much. などと、楽しんだものを目的語に書くか、または、単に「楽しかった」と言うなら I had a great time. などとする必要があるのです。

　しかし、enjoy は誰でも意味を知っているような簡単な単語ですし、「とても楽しかった」という日本語訳もおかしくないことから、「英語まで大丈夫」と考えてしまいがちです。本当は、**意味を知っているかどうかと、使い方を知っているかどうかは別**なのです。

　必要なのは、書いている最中に「自分は、この単語の使い方を知らないのではないか」と気がつくことです。

　自分が使い方をわかっていないと気がつきさえすれば、辞書を引いてみようという気になるでしょう。「意味を知っている」＝「使い方まで知っている」と思い込まないようにしてください。

見直すときには、他人が書いた英文を見るつもりで客観的に読みましょう。何が書きたかったのかよりも、この英文を他人が読んだら、どのように理解されるのかを考えてください。

　「自分はこう書いているつもりである」という思い込みが強すぎると、自分のミスに気がつかなくなります。

　たとえば、「私は彼が好きではない」と書きたかったのに、

　　I don't hate him.　「私は彼が嫌いではない」

と、まったく逆のことを書いても気がつかないことすら起こります。それほどに、人間の思い込みというのは怖いものなのです。

◆ 視野を広く持つ

　ひとつひとつの単語だけではなく、全体的な構造にも注意を払うことが必要です。次の英文を見てください。

> Although the student was sure that he had passed the entrance examination for the university, but he didn't have the courage to hear the result from his teacher.　　　　　　　　　　　　　　　courage「勇気」
>
> 「その生徒は自分が大学の入学試験に合格したということを確信していたが、しかし、彼は先生から結果を聞く勇気がなかった」

上記の英文には間違いがありますが、気がつきましたか。although は接続詞で、the student 以下と he didn't have 以下の文をつないでいるのに、but がありますね。したがって、although か but のどちらかを削除する必要があるのです。

　しかし、although と but までの距離がものすごく遠いために、but を目に入れている瞬間は although が目に入りません。そのために、接続詞が余分にあるということに気がつかなくなるのです。

　このような間違いに気がつくためには、全体的な文の構造に気をつけていなければなりません。視界に入っている単語のことだけ考えていても気がつかないのです。

本当に正しいかどうかは気にしない

　文法や長文問題などと違って、英作文の練習は自分で採点できません。辞書や文法書まで使って書いた英文でも、自分が気がつかないミスをしていたり、ナチュラルではなかったりするという可能性もあるわけですから、本当にそれでいいのかどうかというのはわかりません。

　結局、ライティングの練習というのは、先生に添削してもらう機会がない限り、どうやっても「書いたものが正しいかどうかを自分で見分けることができない」ものなのです。

でも、それはライティングだけではなく、スピーキングでも同じです。スピーキングの場合は、意思疎通を図るのが第一ですから、相手がネイティブスピーカーでも口に出した英文を直してもらえるわけではありません。ごくまれに指摘される程度です。

　つまり、スピーキングもライティングも、自分の作った英文が正しいかどうかを厳密に見てもらう機会というのは、もともとあまりないのです。したがって、それをあてにせず、自分なりに「きれいな英文にしていこう」と努力すること自体が大切なのです。

　確かに、一生懸命書いたものは、自分の作品みたいなものですから、「これを評価検討してもらいたい」という気持ちがわくのも当然です。しかし、書いた英文が正しいかどうか、見てもらえないからといって書くこと自体をやめてしまっては意味がありません。

　自分なりに全力を尽くしたら、それはもう置いておいて、また次の作文に取り組んでください。

激伸びのコツ
ライティング

◆ センテンス・リピートで練習する

　リスニングの練習で紹介したセンテンス・リピートは、ライティングの向上にも役に立ちます。

　やり方は簡単で、1センテンスずつ英文を読んで、理解できたと思ったら、原文を見ずにその英文を紙に書き、原文と見比べるというものです。英文に書き起こしているときに難しい単語が思い出せない場合は、原文を見ても結構ですし、最初から難しい単語だけはメモにとってもかまいません。

　素材は、自分が書けるようになりたいと思うレベルの英文を使うのがいいでしょう。

　そして書けたら、元の英文と比べて、異なるところをよく見てください。そこが自分ではあやふやである可能性が高い箇所です。

　とくに、冠詞や名詞の単数形・複数形、前置詞、時制、語順、文型など、文法や文の構造に注目してください。こういった簡単な項目こそが、どれだけ英語力が上達しても苦労する項目です。しかも、ナチュラルな英文を書くために克服しなければいけない項目でもあるのです。

　この練習法は、英作文の教材を必要とはしないため、英文の数だけライティングの練習ができます。

巻末付録

激伸び指数
チェックテスト

本書で解説した「激伸びの条件」をどれだけ実践できているか、チェックしてみましょう。はたして、あなたの激伸び指数は？

それぞれの項目について、どれくらいできているのかを1点（まったくできていない）〜5点（非常によくできている）の点数にして、記入してください（条件1のみ10点満点）。（×2）などと書いてある場合は、点数を書いて、計算時にその数をかけてください。たとえば、（×2）の項目で3点の場合は、6点が得点となります。

第1章　激伸びするためのアプローチ

複数の能力を連動して向上させている (p.22)

分野の壁をなくして有機的に練習する	/10（×3）
合計	/30

いつでもどこでも何からでも吸収する姿勢でいる (p.37)

いつでも、どこでも学ぶ	/5（×2）
下準備と計画で最大限の効果を上げる	/5
何からでも学ぶ	/5（×2）
「読む・聞く」は教材のレベルの幅を広げる	/5
隙間時間に脳内練習をする	/5
いつでも英語を吸収できる姿勢でいる	/5
合計	/40

集中力とモチベーションと覚悟がある (p.59)

短時間でも集中して練習する	/5（×3）
明確な目標を決めておく	/5（×2）
「英語は大変」と覚悟する	/5
合計	/30

第1章　合計　　　/100

巻末付録
激伸び指数チェックテスト

第2章　知識から技術への転換

技術として習得しようとしている　(p.68)

知識を頭に入れたあとの練習を重要視する	/5（×2）
反復、反復、また反復	/5（×3）
単語・文法を「使いこなす」練習をする	/5（×2）
伸ばしたい能力を使いまくる	/5（×2）
瞬時に取りかかれる姿勢でいる	/5
合計	/50

練習中に深く考えている　(p.89)

答えを引き出す苦しみを味わう	/5（×3）
答えまでの途中経過も重視する	/5
「狭く深く」「浅く広く」練習する	/5
3-Stepメソッドで問題集を反復する	/5
合計	/30

簡単な項目をおろそかにしていない　(p.105)

ケアレスミスほど深く反省する	/5（×2）
簡単な項目ほど奥が深いと認識する	/5
できているという錯覚を持たない	/5
合計	/20

第2章　合計　　　/100

第3章　ネイティブの感覚を養う

センスの向上を重要視している (p.122)

英語に対する神経を研ぎ澄ませる	/5（×2）
「ナチュラルさ」を意識する	/5（×2）
知識とセンスのバランスをとる	/5（×2）
疑問を追求しすぎない	/5
無理やり自分なりの結論を出す	/5
合計	/40

感情移入とイメージを活用している (p.142)

イメージと印象を持つ	/5（×2）
臨場感を持って感情移入する	/5（×2）
語学上の理解に終始しない	/5
合計	/25

言語力と一般常識がある (p.156)

日本語力も鍛える	/5
英語のまま理解する	/5（×2）
一般常識も身につける	/5
合計	/20

雑草のようなしぶとい英語力を目指している (p.170)

生の英語で練習する	/5
悪条件で英語を聞く	/5
いろいろなアクセントを聞く	/5
合計	/15

第3章　合計	/100

巻末付録
激伸び指数チェックテスト

集計してみましょう

第1章　激伸びするためのアプローチ

　　　　　　　　　　　　　得点 （　　　　/100）

第2章　知識から技術への転換　　　　＋

　　　　　　　　　　　　　得点 （　　　　/100）

第3章　ネイティブの感覚を養う　　　＋

　　　　　　　　　　　　　得点 （　　　　/100）

　　　　　　　　　　　　　　　＝

総合スコア　　　　　　　　得点 （　　　　/300）

　　　　　　あなたの激伸び指数は （　　　　%）

80%以上(=平均4以上)

　非常に激伸びしやすい姿勢、取り組み方と言えます。ぜひ、このままがんばっていってください。もし伸びないのなら、適性の高さではカバーしきれないくらい基本的な勉強時間が少なすぎるか、それとも採点が甘すぎるのかもしれません。

70〜80%未満(=平均3.5以上4未満)

　激伸びというほどではないかもしれませんが、比較的順調に伸びていきやすい取り組み方と言えます。あとは、チェックテストの表をよく確認し、点数の低い項目を改善するようにしてください。とくに、3つのカテゴリーのうち、ほかと比べて低すぎるものがあれば、要注意です。また、チェックテストでは、10カ条に分かれた条件にある個々の項目のスコアを算出していますが、条件ごとの達成率も考慮に入れて、足を引っ張っているものがないか確認してください。たとえば、「センスの向上」は5項目で40点満点、「感情移入とイメージ力」は3項目25点ですが、これらがそれぞれ合計25点ずつでも、達成率を考えた場合、「センスの向上」は約63%で「感情移入とイメージ力」は100%の達成率となります。

巻末付録
激伸び指数チェックテスト

50〜70％未満（＝平均 2.5 以上 3.5 未満）

　必ずしも、このままでは伸びないというわけではありませんが、激伸びの条件を満たしていけば、今よりももっと伸びる可能性があります。このカテゴリーに入る方は、まったくできていない項目というのが少ないために、全体として「ちょっとはできている」という項目のでき具合を上げなければなりません。しかし、できているかどうかという考え方だと、ちょっとしかできていなくても「とりあえず、やっているつもり」と感じがちですから、○か×という考え方ではなく、それぞれの項目について現状よりも向上させるという認識に立って練習していきましょう。

　そのうえで、チェックテストの結果を見て、（×2）といった倍数計算する項目のスコアが上がるように努めてください。これらの項目は、激伸びさせるために、とくに重要なポイントとなっています。

50%以下（＝平均 2.5 未満）

　もしかして、ずっと伸びていないということはありませんか。おそらく、これまであまり気をつけてこなかったという項目が多いと思います。今後は、激伸びの条件を少しでも満たすように取り組む必要があるのですが、まずは、本書を読み返して、何に気をつけなければならないのかを、もう一度整理してください。

　そのうえで、一度にすべての項目に気をつけるのは難しいですから、いくつかの項目に絞って取り組んでいきましょう。とくに、チェックテストの、（×2）などの倍数計算する項目のうち、（×2）と（×3）は5分の3を切らないようにしていく必要があります。また、激伸びの条件をクリアするうえで最も大切なのは日々の心がけであり、練習中に「気をつけよう」と思うことである、ということを忘れないでください。

著者紹介

石井辰哉（いしい・たつや）

1969年生まれ。滋賀県在住。関西学院大学文学部卒業。TOEIC・TOEFL・英検専門校 TIPS English Qualifications を滋賀県に設立。半年間の語学留学でTOEIC500点強から900点まで伸ばした経験を生かし、驚異的なスピードで受講生のスコアをアップさせている。単なる知識の習得ではなく、「使える」英語の習得が信条で、日本各地から新幹線やマンスリーマンションを利用して通学するなど、熱心な受講生も多い。取得資格は、TOEIC990点（満点20回以上）、ケンブリッジ英検特級、実用英検1級、オックスフォード英検上級。

著書に
『文法・構文・構造別リスニング完全トレーニング』（アルク）
『新TOEICテスト全パート完全攻略』（アルク）
『TOEIC TEST 文法完全攻略』（明日香出版社）
『TOEIC TEST900点の条件』（ベレ出版）
など多数。
著者のサイト　http://www.tip-s.jp/

英語が激伸びする10の条件

2013年6月25日　初版発行

著者	石井辰哉（いしい たつや）
カバーデザイン	田栗克己
イラスト	黒田かおり

© Tatsuya Ishii 2013. Printed in Japan

発行者	内田眞吾
発行・発売	ベレ出版 〒162-0832 東京都新宿区岩戸町12 レベッカビル TEL 03-5225-4790 FAX 03-5225-4795 ホームページ http://www.beret.co.jp/ 振替 00180-7-104058
印刷	三松堂株式会社
製本	根本製本株式会社

落丁本・乱丁本は小社編集部あてにお送りください。送料小社負担にてお取り替えします。

本書の無断複写は著作権法上での例外を除き禁じられています。購入者以外の第三者による本書のいかなる電子複製も一切認められておりません。

ISBN978-4-86064-360-7 C2082　　　　　　　　編集担当　綿引ゆか

TOEIC Test 900点突破 必須英単語

石井辰哉 著

四六並製／定価1995円（5%税込） 本体1900円
ISBN978-4-939076-30-5 C2082　■ 464頁

難しい単語を必死に覚えても、実際のテストで役立つ確率はそう高くはありません。本書は、英文を読んで文脈からキーとなる単語の意味を推測する練習をすることで、スコアアップにつながる単語力をつけられるようになっています。高得点を目指すレベルでは、この方法が一番効率の良い有効な勉強法です。

TOEIC TEST 900点の条件

石井辰哉 著

A5並製／定価2310円（5%税込） 本体2200円
ISBN978-4-86064-321-8 C2082　■ 320頁

ボキャブラリー、リスニング、グラマー、リーディングに分けて、各章で、現在の力を知るための自己診断を行ない、それをもとにどんな学習が必要かを解説します。次に、実際のテストに近い問題で再び診断テストを行ない、弱いところをつぶしていき、900点を超えるために必要な条件を満たすための学習法を解説します。900点の壁を超えるために何が足りないのか、何をすればいいのか、何を目指して学習すればいいのかがよくわかる、今までなかった高得点対策の本です。

新TOEICテスト実践勉強法

石井辰哉 著

四六並製／定価1365円（5%税込） 本体1300円
ISBN978-4-86064-151-1 C2082　■ 336頁

1999年発行の『TOEICテスト実践勉強法』の完全改訂パワーアップ版です。好評だった前書から8年、新TOEICに変わってからも満点を維持している著書が、必ずスコアアップできるノウハウを新TOEICに合わせて全面書き直しをしました。ボキャブラリー、リスニング、グラマー、リーディングの分野ごとに、弱点克服、実力強化の具体的な学習方法を解説していきます。